经济学学术前沿书系

WOGUO NONGCHANPIN MAOYI YU
NONGYE HUANJING XIAOYING YANJIU

我国农产品贸易与农业环境效应研究

马 进 著

经济日报出版社

图书在版编目（CIP）数据

我国农产品贸易与农业环境效应研究 / 马进著. —
北京：经济日报出版社，2019.9
ISBN 978-7-5196-0604-6

Ⅰ. ①我… Ⅱ. ①马… Ⅲ. ①农产品贸易-国际贸易-研究-中国 Ⅳ. ①F752.652

中国版本图书馆 CIP 数据核字（2019）第 206555 号

我国农产品贸易与农业环境效应研究

作　　者	马　进
责任编辑	陈礼滟
责任校对	薛银涛
出版发行	经济日报出版社
社　　址	北京市西城区白纸坊东街 2 号 A 座综合楼 710
邮政编码	100054
电　　话	010-63567683（编辑部）
	010-63538621　63567692（发行部）
网　　址	www.edpbook.com.cn
E-mail	edpbook@sina.com
经　　销	全国新华书店
印　　刷	北京建宏印刷有限公司
开　　本	710×1000 毫米　1/16
印　　张	12.625
字　　数	182 千字
版　　次	2019 年 9 月第一版
印　　次	2019 年 9 月第一次印刷
书　　号	ISBN 978-7-5196-0604-6
定　　价	49.00 元

中文摘要

加入世界贸易组织十多年来，我国已成为全球主要的农产品出口国和进口国，农产品贸易的发展为提高农民收益、巩固农业基础地位和维护政治经济安全发挥了至关重要的作用。但是随着农业现代化建设的飞速发展和农产品贸易开放程度的不断提高，我国农业生产呈现出高投入、高能耗、高污染的态势，引发了地下水污染、水体富营养化、土壤结构破坏、农产品安全质量不合格等一系列农业环境问题。在农产品贸易自由化呼声越来越高，农业面源污染问题日益凸显的今天，关于我国农产品贸易与农业环境效应的研究具有重大的理论意义和实际意义。

本书在回顾和梳理贸易与环境相关文献的基础上，对农产品贸易与农业环境效应进行了理论分析、实证检验和政策研究。理论分析主要是从根本上阐述农产品贸易与农业环境的作用机制，理论上剖析农产品贸易对农业环境可能产生的正面及负面作用，并对贸易开放背景下的农业环境政策和贸易政策进行分析。实证检验主要分为两部分：一是通过时间序列分析，考察我国农产品贸易与农业环境在现实中的长期均衡关系、短期动态关系和因果关系；二是利用省级面板数据，比较研究我国东、中、西三大地区的农产品贸易环境效应。此外，在全球化和可持续发展观的背景下，着重考察我国农产品贸易与农业环境的协调发展情况。最后对研究结果进行总结归纳，有针对性地提出促进农产品贸易和农业环境协调发展的对策建议。

理论分析部分通过建立开放经济条件下的农产品贸易环境一般均衡模型发现：农业环境污染排放水平受农业生产规模、生产结构、技术水平、贸易壁垒、世界市场价格、消费者人口和真实人均收入等因素的影响；农产品贸易开放程度的提高可以通过规模效应、结构效应、技术效应、收入效应和外部效应对农业环境产生影响。以上效应的正负性取决于现实生活中的集体和个体行为以及国家能否结合自身情况采取合理有效的贸易和环境政策。

通过对开放贸易条件下，农业环境政策和贸易政策的分析发现：在采用固定农业环境质量管理标准限制的情况下，贸易开放会使污染密集型农产品进口国的农业环境改善，污染密集型农产品出口国的农业环境污染加剧；如果实施固定农业排污权或污染配额等政策，贸易开放对农业环境的影响可以忽略不计；如果采用最优农业污染税或最优农业排污权等弹性农业环境政策，贸易开放使污染密集型产品进口国的农业环境得到改善，而对于污染密集型产品出口国来说，环境的改善或恶化取决于该国农民收入对农业环境污染损失的弹性大小；从长期来看，合理的农业绿色壁垒可能产生技术模仿替代效应，从而对发展中国家环境技术进步产生激励作用；以环保为名，通过绿色壁垒对发展中国家实施贸易限制，会给技术水平较低的农产品出口企业带来诸多不利影响；农业绿色补贴的合理利用可以帮助企业克服进口国的环境标准限值，实现农业污染外部效应的内在化。

从时间序列分析结果来看，我国农产品贸易与农业环境在长期和短期均存在一定的均衡关系和双向动态影响。尽管我国农业环境对农产品贸易的影响程度和解释力逊色于贸易对环境的影响程度，但从总体分析结果来看，农业环境对农产品贸易存在一个反向调节的趋势，即环境改善会提高农民收入并促进贸易发展，而环境污染会降低收入并抑制贸易发展。我国目前仍然欠缺一个包含环境的有效市场机制和价格调节手段，所以很难实现农业环境对农产品贸易的良性反调节作用，常常出现对环境先破坏再补救的恶性循环模式。

基于我国省级面板数据的农产品贸易环境效应分析发现：我国农产品贸易环境效应中的规模效应为负，技术效应为正，规模效应占主导地位；结构效应为负；化肥、农药和农膜的直接贸易效应均为正；农业环境污染受农产品贸易诱发的ERE和KLE的双重影响，ERE会增加我国的农业污染，KLE会减少农业污染。实证结果证实了污染天堂假设和资源禀赋假设在我国农业环境中的存在。分地区环境效应估计结果基本与理论预期和全国数据结果相符。通过地区间的横向比较发现，东、中、西部地区的环境效应差异较大，地域特征明显。在贸易诱发的结构效应方面：东部地区KLE显著，中部地区ERE显著，西部地区根据污染指标的不同呈现多样化的特点。

通过对我国农产品贸易与农业环境之间的协调程度进行评估发现，在正确的政策指导和健康的经济环境下，农产品贸易和农业环境可以达到一个相互促进的良性发展状态。从农产品贸易指标和农业环境指标的整体变动来看，两者都处在持续增长的状态，总体势头较好，整体协调度较高但存在阶段性波动。2010年以后，协调系数和动静态协调度均出现明显下降趋势，农产品贸易的发展速度高于农业环境的改善速度，且差距逐年拉大，两者处于短时间“顾此失彼”导致的周期性协调度下降阶段。2012年到2013年农业环境指标约为零增长，静态协调度下降幅度较大。由此可见，若一味刺激农产品贸易而忽略农业环境保护工作，必将造成环境治理的停滞不前甚至生态环境的恶化，反过来阻碍农业经济的发展。

关键词： 农产品贸易开放；农业环境；贸易环境效应；一般均衡分析；协调度

ABSTRACT

Over the past years since WTO accession, China has become the world's leading agricultural exporting country and importing country. The development of agricultural trade has played a crucial role in improving farmers' income, consolidating the fundamental position of agriculture and maintaining the political and economic security. However, with the rapid development of agricultural modernization and the continuous improvement on the trade openness, the agricultural production in China has showed a high – input, high – energy – consumption and high – pollution trend, which has led to a series of agri – environmental issues, such as groundwater pollution, eutrophication, soil structure damage and unqualified agricultural products. As the demands for trade liberalization increase and the problems of agricultural non – point source pollution become more serious, the study on effect between agricultural trade and environment in China has great theoretical and practical significance.

On the basis of the review of the literature related to agricultural trade and environment issues, this paper theoretically and empirically analyzes the effect between agricultural trade and environment, and related policies combined with

China' s current situation. Theoretical analysis mainly elaborates the fundamental mechanism of agricultural trade on environment, theoretically investigates both positive and negative effects of trade on the environment that may arise, and analyzes the agricultural environmental policy and trade policy under the background of trade openness. The empirical study is divided into two parts: the first part uses the time series model to analyze the long - term equilibrium relationship, short - term dynamic relationship and causal relationship between agricultural trade and agricultural environment in China in reality; the second part uses provincial panel data to give a comparative study on agricultural trade - environmental effect in eastern, central and western China. In addition, under the background of globalization and the concept of sustainable development, this paper also focuses on the coupling relationship between agricultural trade and environment in China. The last part summarizes the paper conclusions and put forward policy suggestions to promote the coordinated development of agricultural trade and environment.

In the chapter of theoretical analysis, through the establishment of anagricultural trade - environment general equilibrium model under an open economy, we find that agricultural pollution is influenced by agricultural production scale, production structure, technology, trade barriers, world market price, consumer population and real per capita income level. Agricultural trade openness can affect agricultural environment through scale effect, composition effect, technique effect, income effect and external effects. The above effects could be positive or negative on the environment, which depends on the individual and collective behavior in real life and whether the governments are able to adopt the reasonable and effective policies combined with their own situation.

In the case of fixed agriculture environmental standards, agricultural trade openness would improve the environment of the country which imports "dirty agricultural products", and harm the environment of the country which exports "dirty agricultural products". Regarding the fixed agricultural emission permits or quota, the impact of trade openness on agricultural environment could be basically negligible. In terms of the flexible agricultural environmental policies, agricultural trade openness would improve the environment of the country which imports "dirty products"; regarding the country which exports "dirty products", the result would depends on the elasticity of farmers' income level to agricultural pollution damage. In the long run, reasonable agricultural green barriers may have the technique substitution and imitation effect, and have an incentive impact on the environmental technology of developing countries. However, in the name of environmental protection to impose trade restrictions on developing countries by the green barriers would bring negative effects to the agricultural export enterprises with lower technique. In this case, the rational utilization of the green subsidies could help these agricultural enterprises overcome the limits of environmental quality standards set up by the importing country, and achieve the interiorization of the agricultural pollution external effect.

From theresults of time series analysis, we find there are long – term equilibrium relationship, short – term dynamic relationship and two – way causal influence between agricultural trade and agricultural environment in China. Although the explanation of agricultural environment to trade is not as good as trade to environment, from the overall results of the analysis, there is a reverse regulatory trend of agriculture environment to foreign trade: better environment will increase farmers' income level and improve the development of agricultural trade, while worse environmental pollution will have an negative impact on income level and trade development. China is still short of an effective market mechanism and price adjustment means with environment. Thus, it is difficult for environment to play a role in trade. There is a vicious circle pattern usually happening that damage the environment first and remedy it then.

Based on the analysis of agricultural trade – environment effect in China by region we find: the scale effect is negative, the technique effect is positive, the scale effect dominates the technique effect; the composition effect is negative; the direct trade effects of fertilizer, pesticide and agricultural film are all positive; agricultural environmental pollution is also affected by the trade – induced ERE and KLE, the ERE increases agricultural pollution, while the KLE decreases agricultural pollution. The empirical results confirm the exist of pollution haven hypothesis and factor endowment hypothesis in China's agricultural environment. The results of regional effects are basically consistent with the theoretical expectations and the results of the whole national effects. The horizontal comparison among the regions indicates the environmental effects of the eastern, central and western region are quite different and have obvious area features. In terms of the trade – induced composition effects: the KLE is significant in the eastern region, the ERE is significant in the central region, the results of the western region depend on different pollution indicators.

The research on the coupling relationship between agricultural trade and environment illustrates that agricultural trade and environment can reach an optimum development state and promote each other under the valid policies and healthy economic conditions. The indicators of agricultural trade and environment both increase constantly, and the overall momentum is good. The coupling degrees in recent years are relatively high but there are periodic fluctuations. The coupling coefficient, static degree and dynamic degree all have a clear downward trend after 2010. The growth rate of foreign trade is higher than the improvement rate of environment, and the gap is widening year by year. The coupling relationship is in the short – term cyclical downturn period caused by "catch one and lose another". The environment indicators approximately have a zero growth from 2012 to 2013, and the static coupling degree decreases greatly. It follows that if we stimulate the development of agricultural trade blindly and ignore the agricultural environmental protection, these behaviors will inevitably lead to the stagnation of environmental governance or even the deterioration of environment, and in turn impede the development of agricultural economy.

Keywords: Agricultural Trade Openness; Agricultural Environment; Computable General Equilibrium Analysis; Trade – Environment Effect; Coupling Relationship

目　录

表目录

图目录

第一章　导　论

第一节　选题背景与研究意义

我国是世界主要的农产品生产国和消费国。自加入世贸组织以来，我国积极推动农产品贸易的健康发展，加快了国外资金、技术和品种等现代农业要素的引进，农产品进出口贸易得到快速增长。农产品贸易总额由2001年的277.8亿美元增加到2014年的1922.7亿美元，同比增长15.7%，总量增长6.9倍。其中，出口额由159.7亿美元增长到713.1亿美元，同比增长11.7%，总量增长4.5倍；进口额由118.1亿美元增长到1209.6亿美元，同比增长20.0%，总量增长约10.2倍。如今，我国已成为世界第三大农产品贸易国，第四大农产品出口国和第二大农产品进口国（刘武兵和黄昕炎，2013）。

但不容忽视的是，在过去相当长的一段时间里，我国农业经济贸易的快速发展，带来了高投入、高能耗、高污染的农业环境问题。2010年2月6日环保部公布的《第一次全国污染源普查公报》显示，2007年全国农业源中主要水污染物排放量为化学需氧量1324.09万吨，总氮（TN）270.46万吨，总磷（TP）28.47万吨，分别占到全部排放量的43.71%、57.19%和67.27%，其他具体数据如表1－1所示。

表1－1　第一次全国污染源普查农业污染源普查结果

污染源	种植业	畜禽养殖业	水产养殖业	总体
普查对象个数	38239	1963624	883891	2899638
TN（万吨）	159.78	102.48	8.21	270.46
TP（万吨）	10.87	16.04	1.56	28.47
化学需氧量（万吨）		1268.26	55.83	1324.09
铜（吨）		2397.23	54.85	2452.09

续　表

污染源	种植业	畜禽养殖业	水产养殖业	总体
锌（吨）		4756.94	105.63	4862.58

资料来源：作者根据《第一次全国污染源普查公报》整理得到。

农业污染具有面源，也就是非点源性特点。以水体污染为例，农业面源污染指可溶解的或固态的农业污染物在降水冲刷的作用下，从非特定的地点，通过径流过程汇入水体，并引起水体的富营养化或其他形式的污染。因为面源污染的发生位置和地理位置不易识别，农业污染具有分散、模糊、不确定、多样化、潜伏周期长等特点，其预防、监测和治理都相对困难。

农业生产中农药、化肥等农业化学用品的滥用，畜禽粪便和残留农膜的管理不当，秸秆焚烧以及其他未经处理的农业生产废弃物等，都是造成农业面源污染的直接原因。污染的形成和加剧对农业赖以发展的生态环境系统构成了较大威胁，主要造成以下几点问题：

（1）地下水遭受污染，部分水域水体富营养化问题严重

农业面源污染已成为世界水污染的主要来源。美国环保局报告指出，大量的农田养分流失是造成内陆湖泊富营养化的主要原因，全国46%的河流和57%的湖泊受到农田径流的污染（崔健等，2006）。在欧洲发达国家的地表水中，农业磷污染排放所占的污染负荷比为24%～71%（全为民等，2002）。农业污染对我国地表水及地下水的污染问题也日益严重。据对我国25个湖泊的调查显示，水体TN全部超过富营养化指标，92%的湖泊超过了TP的富营养化指标，比国际一般标准高出10倍或以上（司友斌等，2000）。由表1－2可见，五大湖泊和水库的农业面源污染TN平均贡献率约为73%，TP平均贡献率约为62%，农业面源污染是水体富营养化的首要原因。水体富营养化会破坏水质，造成水资源紧缺和农业生态系统失衡，严重威胁我国居民尤其是农村居民的饮水安全，阻碍我国农业生产的可持续性发展。

表 1-2 我国主要湖泊、水库富营养化的农业面源污染贡献率

水域名称	TN 贡献率（%）	TP 贡献率（%）
密云水库	66	86
太湖	77	33
巢湖	70	52
滇池外海	53	42
洱海	97	93
均值	73	62

资料来源：赵永宏等，2010。

（2）土壤受损，威胁我国农业生产环境

化肥、农药的过量使用，残留农膜的处理不当会造成我国土壤有机质含量降低，重金属过量沉积，酸碱平衡破坏。根据我国 2005 年 4 月至 2013 年 12 月展开的首次全国土壤污染状况调查显示，全国总体土壤环境状况不容乐观，部分地区土壤污染较重，耕地土壤环境质量堪忧。全国土壤总的超标率为 16.1%，其中轻微、轻度、中度和重度污染点比例分别为 11.2%、2.3%、1.5% 和 1.1%。土壤污染导致的水土流失加剧，耕地面积减少等问题，会造成农业生态系统恶化，降低土地生产力，严重影响我国农产品生产。

（3）影响农产品质量安全，危害农民利益

农药和兽药滥用导致的农残和兽残超标，不安全的食品添加剂和转基因产品，不规范生产过程造成的农产品直接或间接污染是损害农产品质量安全的主要原因。根据 2014 年第一季度农业部组织开展的全国农产品质量安全例行监测结果显示，蔬菜、水果、畜禽产品和水产品的监测合格率分别为 96.0%、92.5%、99.4% 和 92.8%。蔬菜产品监测合格率较 2013 年上半年的监测结果提高 0.1%，水果、畜禽产品和水产品分别降低 3.1%、0.3% 和 1.4%。农产品安全不仅与农民收入水平息息相关，更重要的是关系到国民的身体健康和社会的和谐稳定。

农业面源污染导致的农产品质量和食品安全水平下降，会使我国在面对农产品进口国日益严苛的绿色壁垒时丧失比较优势，造成农产品出口的障碍。农业生态系统的破坏、水土流失的加剧会对农业生产产生负面影响，生产成本上升，产量下降，进而削弱我国农产品贸易的国际竞争力。与此同时，农产品贸易对农业环境的影响也是复杂的，它因各国或各地区经济发展水平、自然条件、农业状况和比较优势的不同而不同。随着入世后，我国贸易的进一步开放，农产品贸易与农业环境问题的研究受到越来越多的关注。2015 年初发布的中央一号文件再次将提高农产品质量和安全水平，加强农业生态化治理列为农业现代化建设的重点，指出应以科技创新力量带动农业的可持续发展。因此，在农产品贸易自由化呼声越来越高，农业面源污染问题日益严重的今天，对于我国农产品贸易和农业环境效应的研究具有重大的理论意义和实际意义。

贸易与环境问题的研究由来已久。众多学者从不同角度对这一问题进行了理论分析和实证研究，主要包括国际贸易自由化与环境的关系，贸易开放对环境和社会福利的影响，环境管制对比较优势、国际竞争力、专业化生产、污染产业转移、贸易模式和贸易条件的影响，环境政策和与环境保护有关的国际贸易政策分析，自由贸易政策与环境政策的冲突与协调机制，有害物品贸易，自由贸易与跨国污染等（许士春，2006）。随着世贸组织的加入和《农业协议》的实施，关于我国贸易与环境效应的研究逐渐增多，但是主要集中在工业领域，农业范畴内的探讨较少。因此，通过对农产品贸易开放背景下我国农业环境效应的分析，构建一个合理、系统的理论框架，可以在一定程度上拓展农产品贸易 - 农业环境问题的研究维度，对正处于转型期的我国来说具有较为长远的理论指导意义。

农业是经济建设的基础，农业的发展直接影响着国民经济的全局。我国是拥有 13 亿人口的传统农业大国，农村人口占到总人口的一半以上。在人口众多、自然资源有限的条件下，如何满足大量人口的农产品需求，保证农村经济健康平稳的发展是我国经济工作的重点和难点。农产品贸易开放程度的不断提高带来高收益高回报的同时，也引发了温室气体大量排放、水土流失严重和耕地面积减少等一系列威胁农业生态环境系统的面源污染问题。本书对我国农产品贸易与农业环境的内在关系、作用机制和效应构成进行了实证检验，测算了两者之间的协调度水平，为我国相应政策的调整提供了依据和方向。这些问题的研究对于我国农业的稳健发展和农民生活水平的提高都具有很强的现实意义。

第二节　重要概念界定

一、农业和农产品贸易

广义农业定义包括种植业、林业、畜牧业和渔业等产业形式，狭义农业定义单纯指种植业。本书的研究目标为广义的农产品贸易和农业环境，考察范围为农林牧渔业，与国家统计局对第一产业的划分规定相一致。

农产品进出口产品范围包括 HS 税则第一章至第二十四章，以及 HS 编码 290543（甘露糖醇）、290544（山梨醇）、3301（精油）、3501－3505（蛋白类物质、淀粉、胶）、380910（整理剂）、382306（290544 以外的山梨醇）、4101－4103（生皮）、4301（生毛皮）、5001－5003（生丝和废丝）、5101－5103（羊毛和动物毛）、5201－5203（原棉、废棉和已梳棉）、5301（生亚麻）、5302（生大麻）。

二、农业环境

本书的农业环境指与农业生产相关的生态环境。农业环境水平可通过农业污染排放量、农业环境治理水平、农业环境质量水平等几方面来衡量。其中污染排放量数据较易获得，且能较为直观地诠释贸易活动对环境的影响，因此被大部分相关文献所采用。为更好地反映我国农业环境变化水平，本书根据研究目标和研究方法的不同，对各农业环境指标进行综合考察。第四章和第六章的环境研究对象包含污染、环境治理和环境质量等多种指标，而第五章主要分析了农业污染排放的影响因素。对于环境指标的具体含义和数据统计范围，文中均有详细说明。

三、贸易环境效应

在经济学中，效应（Effect）表示在一定条件下的一种因果关系。本书通过对贸易环境效应的分解，将贸易对环境的作用机制和影响渠道进行进一步划分。农产品贸易环境效应是指在农产品贸易开放的条件下，由不同因素引发的农业环境变化。在本书中，正的环境效应或效应为正指的是某种因素对农业环境产生正面影响，使农业环境改善，如农业污染排放水平降低；负效应或效应为负表示某种因素对农业环境产生负面影响，造成农业环境恶化，如农业污染排放水平上升。

第三节 研究思路与方法

一、研究思路与研究目的

本书在回顾和梳理贸易与环境相关文献的基础上，对农产品贸易与农业环境效应进行了理论分析、实证检验和政策研究。理论分析主要是从根本上阐述农产品贸易与农业环境的作用机制，理论上剖析农产品贸易对农业环境可能产生的正面及负面作用，并对贸易开放背景下的农业环境政策和贸易政策进行分析。实证检验主要分为两部分：一是通过时间序列分析，考察我国农产品贸易与农业环境在现实中的长期均衡关系、短期动态反应和因果关系；二是利用省级面板数据，比较研究我国东、中、西三大地区的农产品贸易环境效应。此外，在全球化和可持续发展观的背景下，着重考察我国农产品贸易与农业环境的协调发展情况。最后对研究结果进行总结归纳，有针对性地提出促进农产品贸易和农业环境协调发展的对策建议。

本书的研究目的旨在解决以下几个主要问题：

第一，农产品贸易对农业环境影响的作用机理是什么？农业环境政策和贸易政策又在其中发挥了怎样的作用？

第二，我国的农产品贸易与农业环境在现实中是否存在一个长期均衡关系或短期动态关系？这种关系是相互促进还是抑制发展？两者之间是否存在因果关系，或者说是否存在一种带有“预测能力”的传导机制？

第三，我国农产品贸易具体有哪些环境效应，效应的大小和方向如何？不同地区的农产品贸易环境效应是否存在不同的特点？

第四，我国现阶段农产品贸易和农业环境的协调度如何？是否和谐发展？

第五，通过以上问题的研究，能给我们在政策上带来什么启示？我国应采取什么样的政策来达到农产品贸易与农业环境的平衡发展？

二、研究方法

为更好地实现研究目标，本书主要采用理论与实证相结合、定性分析与定量分析相结合、比较分析法等研究方法对我国农产品贸易与农业环境效应进行了一系列相关讨论。具体研究方法如下：

（一）理论分析方法

本书在现有贸易环境理论框架内，结合农产品贸易、农业环境以及相关农业政策的具体特点，主要采取了可计算一般均衡分析、结构分解分析、社会福利分析和投入产出分析等研究方法，对农产品贸易与农业环境效应进行理论分析。使用一般均衡分析方法构建了农产品贸易－农业环境的一般均衡模型，为后面的理论和实证研究提供了基础。使用结构分解分析法，将贸易对环境的影响划分为规模、结构、技术、收入和外部性等不同方面的效应。使用社会福利分析方法分析了在开放贸易的前提下，不同农业环境政策对社会福利的影响。在一般均衡分析中使用了投入产出方法，将农业污染假设为一种生产投入。在分析环境政策时，也使用了静态的投入产出模型。

（二）实证分析方法

为探讨现实情况是否符合理论预期，本书利用我国农产品贸易和农业环境的相关统计数据，进行了一系列实证检验。为得到更准确的结果，在实证检验的过程中，采取了多种经济计量方法。对于农产品贸易和农业环境的时间序列分析采用了以 VAR 模型为基础的协整检验、Granger 因果检验、脉冲响应函数方法和方差分解方法。在分析省级面板数据时，主要采用固定效应模型、LSDV 法和 SUR 回归，同时使用混合回归模型和随机效应模型作为参照。在计算我国农业资本存量时，使用了永续盘存法（PIM）。在分析我国农产品贸易和农业环境的协调关系时，采用了主成分分析方法和动静态协调度模型。

（三）比较分析方法

本书比较分析方法的运用主要体现在文献综述和实证分析部分。在文献综述部分，对比不同学派贸易与环境理论的观点，并进行比较分析总结。在实证分析部分，利用省级面板数据，将我国各省份划分为东中西三个地区，通过对农产品贸易环境效应模型的估计和弹性系数的测算，比较研究各个区域的环境影响。

第四节 研究内容与框架

本书共包括七章：

第一章是导论部分。首先阐述了本书的选题背景和意义；然后论述了本书的研究思路、研究方法以及研究内容；最后提出了本书的创新点和不足之处。

第二章是理论回顾和文献综述部分。在贸易与环境问题的相关研究中，回顾了国外的主要理论和经典模型，以及国内学者对此议题的相关研究。在农产品贸易与农业环境问题的相关研究中，从作用机理、研究方法、农产品贸易对环境的影响之争三个方面对国内外相关文献进行了总结和评述。

第三章是农产品贸易与农业环境的理论分析部分。首先通过建立一个开放经济条件下的一般均衡模型，就农产品贸易与农业环境效应的作用机理进行了分析；然后考察了在不同农业环境政策下，贸易开放对农业环境的影响和社会福利变化；最后通过农业绿色壁垒和绿色补贴两类政策手段，论述了环境相关的贸易政策对一国农产品进出口贸易的限制和鼓励。

第四章是我国农产品贸易和农业环境的时间序列分析。以 VAR 模型为基础，利用 1992 年至 2013 年的时间序列数据分别考察了我国整体农产品贸易、农产品出口贸易、农产品进口贸易与农业环境之间的动静态关系。在此基础上，同时引入描述农业经济增长的变量，通过对经济与环境变动关系的探讨来做补充说明。

第五章是基于我国省级面板数据的农产品贸易环境效应研究。首先通过实证模型的建立将农产品贸易环境效应分解，对具体效应的大小和方向进行检验；然后在回归结果的基础上，将各省划分为东中西三个地区，比较分析影响农业环境污染的经济因素及贸易诱发的不同效应，并对分地区农业环境效应弹性进行了测度。

第六章是我国农产品贸易与农业环境的协调度分析。通过主成分分析方法和协调度模型，计算出 1997 年至 2013 年我国农产品贸易与农业环境之间的协调系数和动静态协调度，以此分析我国农产品贸易发展与农业生态环境的现状及其背后原因。

第七章是本书的结论和政策建议部分。首先对全文的研究结论进行总结，之后阐述了与农产品贸易和农业环境相关的政策启示，最后对未来的研究方向做出了展望。

本书的研究框架如下图所示：

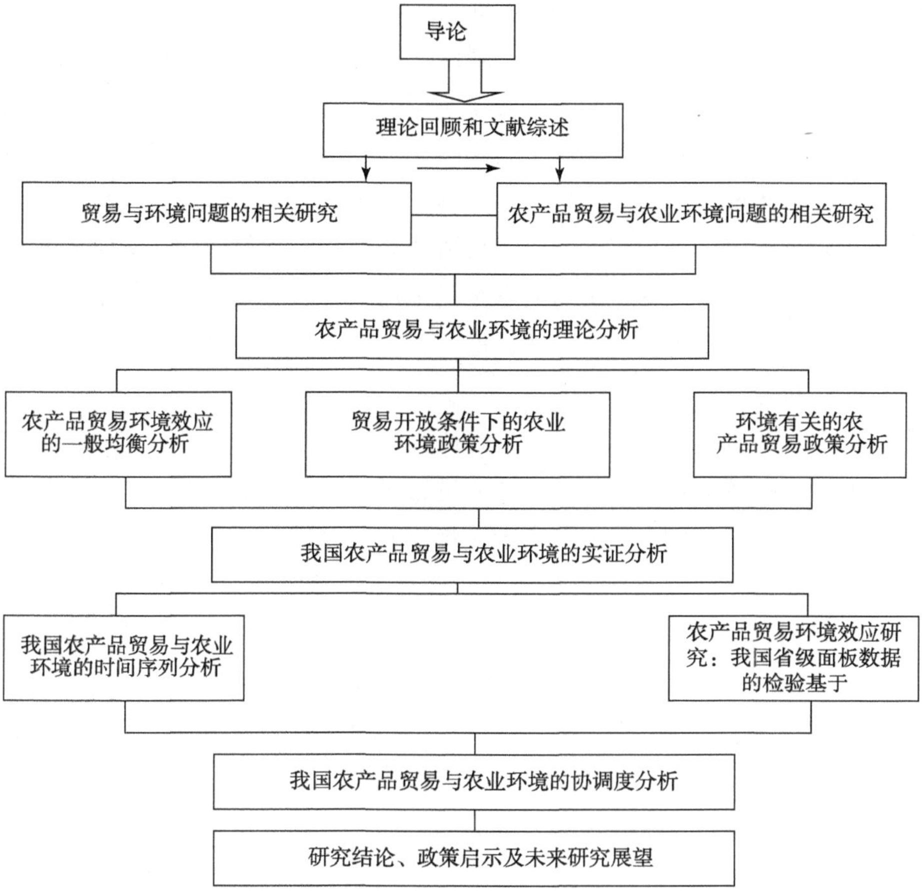

图 1-1 本书的研究框架图

第五节 创新与不足

一、创新之处

通过对相关文献的梳理发现：基于贸易和环境问题的研究绝大多数集中于工业领域，但较为完善、系统地分析农产品贸易与农业环境效应的文献，尤其是国内文献相对较少。本书希望通过对农业相关问题的探讨，丰富此领域研究。可能产生的创新之处有以下几点：

第一，尝试使用一种更简单直观的方法，将贸易开放程度带入农产品贸易与农业环境的一般均衡模型。本书以 Copeland 和 Taylor（2003）开放条件下的贸易 - 环境可计算一般均衡模型为分析框架，将 ACT 模型（Antweiler、Copeland 和 Taylor，2001）中的贸易开放度引入该模型，就农产品贸易对农业环境的作用机制和影响渠道展开讨论，并对农产品贸易环境效应的分解和具体效应的正负影响进行了定性和定量分析。在小国假设的同时，将理论分析扩展到大国经济，把两者模型分析结果的异同点作为对现有结论的补充说明。

第二，不拘泥于三大效应的传统研究框架，采用符合农业特色的模型和变量，对我国农产品贸易环境效应进行了更为深入的划分。有关我国农产品贸易环境效应的研究多集中于对规模效应、结构效应和技术效应的分析。本书在探讨三大效应的基础上，借鉴 Cole 和 Elliott（2003）的模型，将实证分析拓展到直接贸易效应、贸易诱发的环境管制效应和资源禀赋效应领域，证实了污染天堂假设和资源禀赋假设在我国农业环境中的存在。同时，对我国东、中、西三大地区的农产品贸易环境效应系数和弹性系数进行检验和估算，比较分析得出不同的区域特征。

第三，为克服农业环境相关数据的限制，本书尝试构造了一个农业环境指标系统来衡量农业环境的变化水平。农业污染属于一种面源污染，不同于工业污染的点源性特征，没有固定的排污点，因此难于统计和估测。再加上农业环境监测系统不健全，在一般的环境年鉴和公报中很难找到农业污染源的统计数据。本书为计算我国农产品贸易与农业环境的协调程度，综合经济水平、经济结构、对外贸易水平和投资水平四方面构建了农产品贸易指标系统，综合环境污染、环境治理和环境质量三方面构建了农业环境指标系统。通过农产品贸易指标和农业环境指标的建立可以较为全面地对两者之间的协调关系进行分析。

二、不足之处

本书受研究水平、研究条件、研究时间和数据获取等因素的限制，尚存在一些研究空白和不足之处，主要体现在以下几点：

第一，实证分析部分受可得数据的限制。农业污染排放物主要有化学需氧物、氮、磷、铜、锌等，而此部分数据较为权威的主要来源是《第一次全国污染源普查公报》中2007年的统计数据，缺乏其余年份数据以及各省数据，所以本书使用其他指标进行代替。另外，对于我国各省份农业资本存量，没有官方统计数据的公布。虽有部分学者就此问题进行了探讨和研究，但是由于统计方法和统计口径的差别，并没有得到统一的计算结果，同时存在着近年数据缺失的问题。本书综合前人研究，对缺失年份的各省份农业资本存量进行了计算，但仍有部分省份的数据不可获得。

第二，模型改良和影响因素研究有待进一步加强。由于农业本身对资源环境依赖性较大，与工业污染相比，农业污染在短时间内难以觉察，甚至在相当长的时间内才显现出来，这在一定程度上提高了设定更加合理、准确描述农产品贸易和农业环境特征的模型的难度。本书在模型的前提假设方面尚存在一定的放松和改善空间，农业相关政策较多，对于贸易和环境政策的讨论可能不够全面。在影响因素选取的方面，时空特征的差异使得农产品贸易和农业环境表现出不同的特性，导致其或许受更多因素的影响，某些实际存在的影响因素可能并未在文中展开讨论。以上不足之处均有待在今后的研究工作中，进一步探索和完善。

第二章　理论回顾与文献综述

贸易与环境的议题一直是国际贸易学者研讨的热点，相关文献资料较为丰富。其中，有关贸易对环境影响效应的讨论，因研究对象和方法的不同，产生了多样化的结论，并未达成统一的共识。受农业面源污染数据较难获得等原因的影响，着眼于农业方向的相关研究较少。但是近年来，随着大众对农业环境重要性认知程度的提高及环境检测手段的进步，关于农产品贸易和农业环境效应研究的文献开始逐渐增多。传统的贸易 - 环境理论研究和经验研究是探讨农产品贸易与农业环境问题的基础。因此，本章首先对贸易与环境问题的国内外文献进行回顾和梳理；然后集中于农业领域，从作用机理、研究方法和农产品贸易对农业环境影响效应分析等几方面对相关研究进行综述；最后一部分是文献的评论总结。

第一节　贸易与环境问题的相关研究

一、基本理论和假说

贸易对环境的影响一直是个备受争议的话题。长久以来，国际学界形成了两派截然不同的观点：一是贸易开放程度会造成一国环境污染的加剧；二是贸易开放程度提高可以帮助一国自然环境的改善。

Daly 和 Goodland（1994）认为自由贸易会对环境的造成危害，应采取干预手段寻求贸易与环境间的平衡。Barrett（1994）、Beghin（1997）、Dua 和 Esty（1997）、Esty 和 Geradin（1997）以及 Mongelli 等（2006）等学者

也分别从不同角度说明了贸易开放程度的提高对环境的负面影响。以上学者认为贸易的增长扩大了世界经济规模，大大增加了自然资源和能源的开放和消耗，导致污染排放加剧，必然会给全球环境和生态系统带来沉重的压力。

贸易有益论学者认为贸易开放并不是造成环境恶化的根本原因。自由贸易可以优化资源配置，提高资源利用率，促进经济的繁荣以及技术外溢，从而有益于全球环境的改善。Antweiler、Copeland 和 Taylor（2001）通过构建一个能将贸易对环境污染的影响分解为规模效应、结构效应和技术效应的 ACT 模型，对 1971—1996 年 44 个国家 109 个城市的 SO_2 排放强度数据发现，贸易开放程度的提高从总效应上可以减少污染排放，提高环境质量。Birdsall 和 Wheeler（1993）以及 Frankel 和 Rose（2005）也得到了贸易自由化有益于环境改善的相似结论。

随着对贸易与环境问题探讨的不断深入，一些学者尝试在一个统一的理论框架下来考察贸易对环境的影响，形成了一系列的理论和假说。大多数文献以下面三种理论为基础展开讨论：一是赫克歇尔－俄林的要素禀赋理论衍生出来的贸易环境理论，如“污染天堂”假说、南北贸易模型和“环境成本转移”假说；二是研究污染排放随人均收入水平变化趋势的环境库兹涅茨倒 U 型曲线；三是进一步分解贸易对环境影响渠道的贸易环境效应分析。下面就这三种理论及其相关文献进行分别回顾。

（一）“污染天堂”假说与要素禀赋理论

“污染天堂”假说（Pollution Heaven Hypothesis）最早由 Walter 和 Ugelow（1979）提出，它认为环境标准低的国家会吸引污染密集型企业，从而成为“污染天堂”。“污染天堂”假说又被称为“污染避难所”理论。

“污染天堂”假说是以要素禀赋理论为基础的。赫克歇尔－俄林的要素禀赋模型假设有资本和劳动两种生产要素，资本资源丰裕的国家将生产并出口资本密集型产品，而劳动力资源丰裕的国家将生产并出口劳动密集型产品。如果将环境作为影响一国比较优势的另一个生产要素引入要素禀赋模型中，环境要素相对丰裕的国家将生产并出口消耗环境资源较多的污染密集型产品，而环境要素相对缺乏的国家将生产并出口消耗环境资源较少的清洁产品。如果在实行不同环境标准的国家之间存在着自由贸易，那么实行低环境标准的国家或地区，由于其环境管制较松，该国企业在生产活动中的环境成本相对较低。因此，对环境要素需求较大的污染密集型产品的生产将会从环境高标准国家向环境低标准国家转移。现实生活中，发展中国家相较于发达国家往往拥有较低的环境标准，因此污染密集型产业的生产和投资往往集中于发展中国家和地区，导致其环境的破坏，形成"污染的天堂"。

Copeland 和 Taylor（1994）提出的南北贸易模型为"污染天堂"假说提供了支持。该模型假定污染是局部的，将国家分为南方和北方，北方为收入相对较高的发达国家，南方为收入相对较低的发展中国家。通过把产品污染密集度变量和污染税带入模型发现，贸易自由化使得污染密集型产业在污染税率较高的北方缩小，而在污染税率较低的南方增大。自由贸易使得北方国家环境改善，南方国家环境恶化。

Copeland 和 Taylor（1995）假定污染不再是局部的，而是全球性的，假定排放受到国家配额的限制，比如国家实行可交易的排污权。结果发现，随着贸易开放程度的提高，结构效应分别使北方的清洁产业和南方的污染产业扩张。污染许可证的市场价格在北方下降，在南方上升，北方将会减少而南方将会增加排污权的发放。除非南北双方增加和收回的污染许可证数量能够完全抵消，否则贸易自由化将会导致全球环境质量的恶化。

"环境成本转移"假说从产业转移角度解释了"污染天堂"理论的成因。"环境成本转移"假说又称为"污染产业转移"假说，是指环境管制会影响污染密集型企业的成本，贸易开放程度的提高可能促使污染企业向环境成本较低的国家转移。发展中国家的环境资源往往较为丰富，环境管制手段也相对宽松，环境资源被认为是一种充裕要素。发达国家居民较高的经济发展水平和收入水平使得居民对环境质量的需求较大，环境资源被认为是一种稀缺要素。按照要素禀赋理论，发展中国家会生产更多的污染密集型产品，而发达国家则生产更多的清洁产品，污染密集型产业将从发达国家向发展中国家转移。Low 和 Yeats（1992）、Mani 和 Wheeler（1998）

等研究证明了“环境成本转移”假说；Lucus、Wheeler 和 Hettige（1992）、Birdsall 和 Wheeler（1993）则通过经验研究得出了相反的结论，即贸易开放程度的提高不会引起污染密集型产业转移。

Copeland 和 Taylor（2004）指出贸易对一国环境的影响受其环境管制效应和资本禀赋效应的双重影响。根据“污染天堂”假说，环境管制不同的两个国家开放自由贸易时，环境管制较为严格的国家污染减少，而环境管制较为宽松的国家污染加剧，形成“污染的天堂”。根据要素禀赋理论，贸易自由化会使对污染密集型产品有比较优势的国家污染加重，对清洁产品有比较优势的国家污染降低。通常，资本密集型产品的污染排放程度较高而劳动密集型产品的污染排放程度较低，所以资本禀赋丰裕的国家污染加重而劳动资源丰富的国家污染下降。在现实生活中，相对收入较高的发达国家往往同时拥有较为严格的环境标准和相对较高的资本劳动比，因此环境管制效应和要素禀赋效应在相同国家中通常具有反向趋势。

除上述理论外，Dua 和 Esty（1997）提出了“向底线赛跑”假说，部分学者认为环境标准的“向底线赛跑”只会出现在发展中国家，使其成为“污染天堂”。基于“囚徒困境”博弈的逻辑基础，Dua 和 Esty 认为全球贸易自由化会导致参与竞争的各国纷纷降低其环境标准来维持或增强国际竞争力，甚至出现阻挠环境立法等反对环境管制的现象，也就是“向底线赛跑”（Race to the Bottom）现象。这一假说引发了其他学者的相关研究：Barrett（1994）发现当环境政策规定的边际损害很低时，可能会引发生态倾销行为的出现。Busse 和 Siberberger（2013）也从实证研究角度发现污染产品净出口会使一国环境标准降低。但是“向底线赛跑”假说在国际上并没有形成比较统一的看法，部分学者对这一理论提出了批判和质疑：比如 Porter（1999）认为“向底线赛跑”假说不适用于已实施环境高标准的发达国家，但是对于环境标准比较低的发展中国家而言，经济发展和国际竞争的压力可能会产生“向底线赛跑”现象。此外，Eliste 和 Fredriksson（1998）、Wheeler（2001）等学者在贸易自由化和环境标准的经验研究中并没有发现“向底线赛跑”这一现象，他们认为这一假说缺乏足够的经验证据。近年来，我国学者也针对这一假说作出深入研究，比如祝树金和尹似雪（2014）通过对2001—2010年48个国家的跨国面板数据分析发现，污染产品出口会引起发展中国家环境规制“向底线赛跑”，污染产品进口则会提高其环境规制水平；对于发达国家而言，污染产品出口反而会促使其提高环境规制标准。

（二）环境库兹涅茨倒U型曲线

库兹涅茨曲线最早来源于Simon Kuznets（1955），作者用横轴表示经济发展指标，通常为人均产值，纵轴表示收入不平等程度的指标。研究发现两者呈倒U型状态：在经济发展初始阶段，收入不平等随着经济发展而加剧，当经济达到充分发展阶段时，收入不平等达到峰值，其后将逐渐趋于平等。经济活动与环境关系的库兹涅兹曲线是由Grossman和Krueger（1991）在研究北美自由贸易区不同空气质量的环境效应时得出的。其研究结果表明：随着实际收入水平的上升，污染排放量上升，当人均国民收入超过一定水平时[①]，污染排放量开始减少，空气质量得到改善。Panatoyou（1993）首次将环境污染与实际收入水平之间的这种对应关系称为“环境库兹涅茨曲线”（Environment Kuznets Curve，简称EKC）。

EKC一经提出就受到了众多经济学家的广泛关注，如何根据各国数据估算环境库兹涅茨曲线拐点的具体数值成为研究经济发展与环境污染关系的核心。EKC也常被用于贸易与环境问题的研究，因为国际贸易的扩张往往会导致实际收入水平的增长。许多学者采用不同的样本、污染物和环境指标，去验证倒U型曲线是否存在，主要有Selden和Song（1994、1995）、Wheeler（2001）、Dean（2002）、Cole（2004）、Bagliani等（2008）以及Caviglia－Harris等（2009）等。我国学者利用EKC方法的文献也较多，近年来主要有许广月和宋德勇（2010），赵忠秀等（2013）、罗能生和刘滔（2014）以及周睿（2015）等。Stern（1998）、Dinda（2004）、张学刚（2009）、桂小丹和李慧明（2010）对环境库兹涅茨曲线的研究进行了系统

① 研究发现，环境库兹涅茨曲线拐点根据污染物的不同而有所差别，SO_2和烟雾的拐点大概集中在4000至5000美元（以1985年为基期）。

的文献综述。通过对以上研究结果的整理发现，根据污染源和考察地区等样本数据的不同，所得的结论会存在差异：部分学者证实了倒 U 型曲线假说的存在；另有部分学者并未发现贸易与环境的这种关系；还有学者在 EKC 的基础上进一步发现了环境变量与经济变量的三次曲线关系，即 N 型或倒 N 型关系。

然而，环境库兹涅茨理论本身也存在一定的局限性。该理论认为当贸易刺激经济增长和人均收入到达一定程度便能克服环境污染的问题，此时贸易对环境的收入效应为正，而无须考虑其他因素的影响。但是根据对不同国家的实证检验结果证明收入水平并不是决定环境污染的唯一因素。

Panayotou（2000）对该理论的批判观点进行了总结：第一，忽略了市场和政策对环境的决定作用。第二，没有考虑门槛效应以及在收入水平到达拐点前需跨越这些门槛可能造成环境污染不可逆的风险。第三，Grossman 和 Krueger（1991）在研究发现工业废气的库兹涅茨曲线拐点约在 5000 美元左右，但是目前许多发展中国家的人均收入水平远低于这个水平，也就说明在这些国家中以环境污染为代价的生产方式还要持续很长一段时间，这样的积累有可能对环境造成不可逆的损害。因此，在人均收入水平到达拐点之前，应当运用合理的干预政策避免扭曲和市场失灵，减少因为贸易自由化和经济增长带来的环境压力，使其保持在可逆的生态门槛之下。

（三）贸易的环境效应分析

Grossman 和 Krueger（1991）最早将贸易对环境的影响划分为规模效应、结构效应和技术效应三个方面，建立了贸易环境效应分析的基本框架。规模效应是指贸易开放程度的提高扩大了一国或地区的经济活动规模，促进了该国 GDP 的增长和收入的提高，同时也意味着需要投入更多的资源，产生更多的污染，规模效应一般认为是负效应。结构效应指贸易使不同部门产品的相对价格发生变动，从而导致各部门相对生产规模发生变化。贸易开放程度高的国家将更加倾向于在其具有比较优势的部门进行专业化生产。参与国际分工后，如果一国新的产业结构中资源密集型和污染密集型产品的产出下降，则贸易开放有利于环境的改善，结构效应为正，反之，贸易开放对环境的结构效应为负。技术效用主要考察贸易与经济增长所带来的生产技术变化对环境的影响，技术效应一般为正效应。如果环境规则有效，或环境规则随着经济规模的扩张而变得更为严格，会促使生产者寻求新技术用于降低企业排污水平，改善环境状况。贸易开放程度的提高还使得一国更容易获得国外先进技术，这对于发展中国家而言更为重要。

一些学者或研究机构在规模、结构和技术效应的基础上，对贸易环境效应进行了更深入的划分，比如 Stevens（1993）提出了产品效应（Product Effect）的概念。Runge（1993）把贸易自由化的环境影响扩充为五个方面：资源配置效率、经济活动规模、产出结构、生产技术以及环境政策。OECD（1994）将其进一步划分为规模效应、结构效应、技术效应、产品效应和规制效应（Regulatory Effect），Panayotou（2000）此基础之上又加入了收入效应（Income Effect）。此后学者对贸易与环境关系的探讨也多集中于对其各个效应的分析。

贸易环境效应方法为研究贸易对环境的影响渠道和作用机制提供了坚实的理论基础和分析框架，很多学者采用此方法针对一系列环境贸易问题展开了讨论①，比如 Copeland 和 Taylor（1994）、Antweiler、Copeland 和 Taylor（2001）以及 Cole 和 Elliott（2003）等。以上文献证实了贸易环境效应的存在，但是具体效应的正负性和显著程度没有得到一致的结论，所得结果根据研究时间、地区范围以及污染源的不同而不同。

二、基于我国样本数据的经验研究

国内学者的相关研究主要集中于经验研究领域。通过文献梳理发现，我国贸易开放度的提高会对环境造成正面影响还是负面影响同样存在着很大的争议性。主要研究内容和方法集中在以下三个方面：

---

① 国内文献部分如表 2－1 所示。

一是运用 Grossman 和 Krueger 的分析方法，将贸易环境效应分解为规模效应、结构效应和技术效应。主要的代表学者有余北迪（2005），彭海珍（2006），党玉婷和万能（2007），王天凤和张珺（2011），张连众等（2003），李秀香和张婷（2004），陈红蕾和陈秋峰（2007），如表 2－1 所示。

表 2－1　基于我国样本数据的贸易环境效应分析

主要观点		代表学者
总效应为负	规模效应为负，结构效应和技术效应为正	余北迪（2005）、彭海珍（2006）、党玉婷和万能（2007）、王天凤和张珺（2011）
总效应为正	规模效应为负，结构效应和技术效应为正	张连众等（2003）
	规模效应、结构效应和技术效应均为正	李秀香和张婷（2004）
	规模及结构效应为负，技术效应为正，总效应为正	陈红蕾、陈秋峰（2007）

资料来源：作者整理得到。

前四组学者通过以我国工业制造业污染变量和出口贸易为考察对象的独立研究，得出了贸易对环境的总效应为负的一致结论：结构效应和技术效应为正，规模效应为负，结构效应对我国生态环境的负影响大幅度超过结构效应和技术效应的正影响，总效应为负。其中，余北迪（2005）测算了我国 1993 年和 1997 年我国各工业行业的污染密集度指标；彭海珍（2006）研究范围为 1980 年至 1998 年制造业的污染密度；党玉婷和万能（2007）以我国 1994 年至 2003 年期间的十四个制造行业数据为对象；王天凤和张珺（2011）则是比较了 1998 年和 2007 年两个时间点我国主要工业产品出口贸易引起的碳排放变化情况。

其他学者得出了贸易开放使我国环境改善的相反结论，但是关于各效应的正负性所得结果不同。张连众等（2003）借鉴 ACT 模型思想，通过对 2001 年我国 31 个省市自治区的 SO_2 排放量截面数据进行分析，发现贸易自由化对环境影响的规模效应为负，结构效应和技术效应为正，贸易开放度与污染呈负相关关系。李秀香和张婷（2004）以 CO_2 排放量为指标，分析了1981—1999年期间我国出口增长的环境效应，所得结论是随着出口的不断扩大和环境规制的实施，CO_2 排放量增幅下降，贸易的规模、结构及技术效应均为正。陈红蕾、陈秋峰（2007）以1991年至2004年 SO_2 排放量为污染指标发现规模效应和结构效应为负，技术效应为正，贸易自由化对环境的总效应可以减少 CO_2 的排放。

二是从进出口层面直接分析贸易对环境的影响。叶继革和余道先（2007），朱红根、卞琦娟和王玉霞（2008）以及孔淑红和周甜甜（2010）对我国工业领域的贸易与环境关系进行了实证检验，均认为日益扩大的贸易活动与环境污染的加剧有密切关联，出口贸易是影响我国污染排放的重要原因。出口贸易生产对环境造成的污染，给我国经济增长带来了很大的负面效应，出口贸易带来的经济收益也由于这种负效应而大打折扣。罗堃（2007）的实证研究表明进口污染密集型产品可获得正向结构效应，但需承受负向技术效应，出口的情况则正好相反；我国污染密集型工业品进出口贸易均可实现正向环境净效应，但是进口的正向净效应远大于出口，因此主张我国对污染密集型工业品出口贸易采取较为谨慎的发展策略。尹显萍和李茹君（2008）对1996年至2005年十一个工业行业的三废排放量和进出口贸易中含污量转移的状况进行了实证分析，结果表明工业制成品贸易的增长虽尚未带来大量污染物向国内转移的局面，但也确实对国内环境造成了一定程度的负面影响，且污染物有向国内加快转移的趋势。

此外，有部分学者还考察了FDI、工业产值增长速度和人均收入等其他经济变量的影响，得到了更加具体的结论。考虑FDI因素，不同学者得到了不同的结论。杨海生等（2005）选取1990年至2002年我国30个省市的环境、经济贸易数据和29个省市的FDI数据，得到了对外贸易在改善环境质量而FDI在恶化环境质量以及引入FDI将加大我国越过EKC顶点的难度的结论。吴玉鸣（2007）运用我国30个省份的面板数据分析了FDI与我国环境规制问题，也认为FDI在恶化我国环境。与此结论相反，马丽、刘卫东和刘毅（2003）选用沿海地区12个省市1998年至2001年的数据进行分析发现，从弹性系数角度，外商投资和国际贸易是减缓我国沿海地区资源环境压力加大的主要贡献力量。邓柏盛和宋德勇（2008）运用 1995 年至 2005 年经济贸易数据排名靠前的 14 个省市的面板数据研究得到了与杨海生相反的结论，即 FDI 有利于我国环境质量的改善而对外贸易则恶化了我国的环境。除考虑 FDI 因素外，陈继勇、刘威和胡艺（2005）认为我国人均收入水平处于倒 U 型环境库兹涅茨曲线的左侧，中国的生态环境污染仍将会随收入水平的提高而加剧；贸易开放度以及对生产技术和环境治理的资本投入对环境污染有显著的负影响。王福重和贾茹（2008）认为工业固体废物的环境压力这个被解释变量与我国工业产值增长速度和我国工业产品出口额增长速度正相关，与我国进口额增长速度和我国人均收入增长速度负相关。

第二节 农产品贸易与农业环境问题的相关研究

一、作用机理分析

通过对相关文献的整理研究发现，尽管贸易与环境问题的讨论由来已久，理论研究丰富，但是针对农产品贸易与农业环境作用机理的文献较少，主要是因为农产品贸易对环境影响因素较为复杂。一是农业拥有特有的生态循环系统，农业化学品既是农业生产投入品也是农业污染的主要来源，部分农业污染排放（如禽畜粪便）也可转化为农业投入。二是农业拥有面源污染的特征，污染数据难于直接观测，进而也难于监督和管控。此外，贸易与环境的影响效应是通过相关农业政策来发生的，包括国内和国外的贸易及环境政策。农产品关税水平降低、贸易壁垒和出口补贴的取消、进口配额提高、绿色壁垒和补贴的设置等国际贸易工具的运用都会对农业环境产生多方面的影响；而农业环境质量管理标准限制、农业污染税和农业排污权交易等国内环境政策的应用依附于不同的贸易政策会对环境治理发挥不同的作用。多样化的政策手段间往往又存在着相互依赖或制约的多向关系，导致对单一政策的分析较为困难。

贸易环境效应的分解理论在农业问题研究上可以得到广泛的应用。Abler 和 Shortle（2001）将国际农产品贸易对环境的影响划分为规模效应、产出综合效应（output mix effect）、投入综合效应（input mix effect）、外部效应（externality effect）、政策效应（policy effect）以及技术效应六个方面，他们认为常被忽略的外部效应、政策效应和技术效应是贸易和环境的问题研究的关键。杜江、王雅鹏和刘渝（2010）在其农产品贸易自由化对环境的影响的文献综述中指出规模、结构和技术效应的划分为农业经济学者提供了概念性的基础研究依据，他们将农产品贸易和农业环境的特点带入效应理论框架中，对农业领域的贸易与环境问题展开了深入的理论和经验研究。比如 Vilas - Ghiso 和 Liverman（2007）指出对于农业部门，规模效应是指贸易导致的生产规模扩大刺激了对水资源、土地、农用化学品等农业投入的需求，从而增加了自然资源的消耗，可能导致农业环境的恶化；结构效应是指贸易开放导致农业生产结构对农业环境产生的影响，以具有劳动力比较优势的国家为例，贸易开放可使该经济体充分发挥其比较优势，通过污染密集型生产活动的减少和劳动力密集型生产的增加，加速经济发展并使环境得到改善；技术效应是指贸易开放程度的提高会对农业生产者的生产技术决策产生影响，比如贸易刺激导致的农药杀虫剂过量使用，或者对环境更加有利的技术可能通过贸易得以推广，比如提高化肥单位使用效率，使环境得到改善（Panayotou，2000）。国内学者也在此基础上对可能产生的其他效应进行了补充研究，比如陆文聪和郭小钗（2002）从理论上提出了农产品贸易自由化对农业环境影响的结构效应、增长效应、技术效应和运输效应，分析了农产品贸易自由化提高对国内环境可能产生的有利和不利影响。

二、农业环境指标测算与研究方法

由于农业自身的特殊性和农产品贸易政策的复杂性，农产品贸易环境效应的定量分析相对于工业分析来说更为困难。部分学者克服数据资源的不足，推动了这一领域的学术发展。以下就农业污染指标的测算方法和常用的研究方法进行总结。

（一）农业环境指标的测算方法

农业环境指标的测算是农产品贸易环境问题研究的难点，其测算方法众多，但是现阶段还缺乏一个统一权威的方法。由于各国国情差别和可得数据的不同，这里只聚焦于我国农业环境指标的总结。通过对相关文献的收集和查阅，同时参考陈雯（2012）对国内几种农业污染指标的总结，将我国农业环境指标测算的主要方法归纳如表2-2所示：

表2-2 主要农业环境指标测算方法

名称	计算方法	代表学者
农业化学品投入法	直接利用化肥和农药使用量作为农业环境污染变量。	杜江和刘渝（2009）、张相文和黄娟（2012）
污染物推算法	使用《第一次全国污染源普查公报》中2007年化学需氧量（COD）、总氮（TN）和总磷（TP）的排放量来推算历年的排放量。	李君、庄国泰（2011）、陈雯（2012）
养分平衡法	运用Truog的养分平衡法理论，测算过剩氮总量。	张晖和胡浩（2009）
单元调查法	针对不同的农业单元进行调查，估算出产生农业面源污染的可统计最小独立单元的评估系数，通过单元污染量与单元个数的乘积得到总污染量。	赖斯芸等（2004）、陈敏鹏（2006）、李谷成等（2011）
系统指数法	通过多种环境污染、环境治理和环境质量指标计算资源环境系统指数。	杨荣海和李亚波（2013）

资料来源：作者整理得到。

一是直接利用化肥和农药使用量作为农业环境污染变量，比如杜江和刘渝（2009），张相文和黄娟（2012）。农药化肥滥用是农业污染的重要来源，此方法的数据可得性较强，但是化肥农药作为农业投入品，可能因为扩大生产而提升使用量，在反映农业污染强度上有一定的局限性。

二是使用《第一次全国污染源普查公报》中2007年化学需氧量（COD）、总氮（TN）和总磷（TP）的排放量来推算历年的农业污染排放量，如李君、庄国泰（2011）和陈雯（2012）。这种方法简单易行但是可能跟真实数据偏差较大，因其主要假设每一年污染物与化肥施用量、禽畜产量和水产品养殖产量的比例是完全一致的，这可能与实际情况不符，而且 COD、总氮和总磷也不仅受这几个变量影响。

三是运用 Truog 的养分平衡法理论，测算过剩氮总量，如张晖和胡浩（2009）。此方法用于测算农业面源污染中的氮污染效果较好，但是针对性较强，不适合考虑其他污染元素的情况。

四是单元调查法，如赖斯芸等（2004）、陈敏鹏（2006）、李谷成、范丽霞和闵锐（2011）。单元调查法是针对不同的农业单元进行调查，估算出产生农业面源污染的可统计最小独立单元的评估系数，即产污系数、流失系数、排污系数等，通过单元污染量与单元个数的乘积得到总污染量。这种方法是目前比较先进的面源污染测算方法，但因生物多样性，代表单元的选取和具体系数核算的不同会造成结果的偏差，计算过程比较复杂，未能找到测算完成的历年公开数据。

此外，杨荣海和李亚波（2013）利用农作物总播种面积、环境污染治理投资总额、造林总面积、资源总量、水灾受灾面积、旱灾受灾面积、化肥施用量、水土流失治理面积、工业废水排放总量和工业废气排放总量计算得到资源环境系统指数，以此来分析中国农产品贸易与资源环境的协调度。这种方法除考虑农业污染外，还将衡量环境质量和环境治理的因素纳入指标范畴，考察范围较为全面。但是此指标包含较多工业信息，在农业针对性上有待进一步加强。

（二）常用的研究方法

有关农业环境与农产品贸易的研究主要借鉴环境与贸易问题的相关模型，可选范围较广。Huang 和 Labys（2002）认为该领域较为常用的研究方法主要有：可计算一般均衡模型、国际贸易模型、投入产出模型、福利分析模型、博弈论理论模型、最优化模型、空间 GIS 模型和计量经济模型（杜江等，2010）。

可计算一般均衡模型（CGE，Computable General Equilibrium）主要考察经济体处于均衡状态时的均衡条件，是用来分析环境与经济关系的较为理想的模型方法，也是分析农业环境和贸易问题的最常用模型。比如，Copeland 和 Taylor 利用 CGE 方法对贸易和环境的关系展开了一系列讨论。Antweiler、

Copeland 和 Taylor（2001）提出了 ACT 模型，首次将贸易摩擦引入一般均衡，为国际贸易开放程度对环境污染影响机制的讨论提供了理论基础。Cole 和 Elliott（2003）对 ACT 模型进行改进，对 SO_2、CO_2、NOx 和 BOD 等污染变量的贸易环境效应进行分析。以上贸易环境一般均衡模型的研究涵盖面较广，其理论框架对农业分析的适用性较好。采用可计算一般均衡方法对农业领域展开研究和讨论的学者主要有 Abler 等（1999）、Lopez（2000）、Vennemo 等（2008）。

在一般均衡模型基础上发展出的其他可计算模型也能应用于农产品贸易和农业环境的研究。比如，由 Thomas W. Hertel 领导的全球贸易分析计划（GTAP，Global Trade Analysis Project）发展而来的全球贸易分析模型 GTAP，是一种可广泛应用于贸易政策分析的多国多部门可计算一般均衡模型。模型首先建立可详细描述每个国家或地区生产、消费及政府支出等行为的单国多部门一般均衡子模型，然后通过国际间的商品贸易关系将各子模型连接成多国多部门一般均衡模型（张光楠等，2012）。GTAP 模型构建了一个帮助研究者和政治制定者更好地对国际经济问题进行定量分析的全球网络，因而得到较为广泛的使用。Strutt 和 Anderson（2000）运用 GTAP 模型预测贸易自由化在 2010 年和 2020 年对印度尼西亚包括农业部门在内的环境影响，研究发现即使在没有加强现行环境政策或增加环境政策，甚至贸易改革没有导致更快经济增长速度的情况下，贸易政策改革仍会改善印尼的空气质量和水环境，减少自然资源的消耗。

局部均衡模型（CPE：Computable Partial Equilibrium）是指孤立考察单个商品市场或部分商品市场的供需均衡条件，该条件不受其他市场的影响。与 CGE 相比，CPE 在考察某一具体行业或产品时更具优势，常应用于研究世界多边贸易对环境的影响。比如刘昭阳、毛显强和胡涛（2011）基于“贸易 - 经济 - 环境”链式反应评价方法（CRAM）的思路，通过引进排污系数等方法对 CPE 模型进行拓展，对中日韩自由贸易协议下与农产品相关的贸易政策进行分析。模拟结果表明：CJKFTA 的实施将会促进我国农业的发展，表现为农产品贸易量和产量的增长；同时也可能对环境产生一定程度的负面影响，包括 COD、总氮、总磷、农膜和温室气体等污染物排放量的增加，以及水资源消耗量的增大。

除上述研究模型外，我国其他学者的实证研究方法主要有以下四种：一是利用时间序列数据对贸易和环境两者之间的内在关系进行分析；二是利用面板数据，建立多元回归模型分析贸易与环境关系在不同行业间的差异；三是建立联立方程模型探讨贸易与环境污染之间的相互作用关系和传导机制；四是对各进口行业和出口行业的含污量进行计算，分析农产品国际贸易中的环境成本转移问题。综上所述，关于农产品贸易和农业环境问题的研究方法较多，每种方法都有自己的特点和适用范围，针对不同的研究对象和目标应选择与之相匹配的方法和模型。

三、农产品贸易对农业环境的影响

农产品贸易对环境的影响颇具争议，尚无定论。主要观点集中在以下三种：农产品贸易自由化会降低一国农业环境水平；农产品贸易自由化会提高一国农业环境水平；农产品贸易自由化对农业环境的影响不确定。具体文献如表 2 – 3 所示：

表 2 – 3　农产品贸易对农业环境的影响

贸易有害论	贸易有益论	影响不确定
Lopez（1997，加纳） Barbier（2000，加纳和墨西哥） Nielsen（2006，欧盟和波兰） Vilas – Ghiso 和 Liverman （2007，墨西哥） Wurtenberger 等（2006，瑞士） Velazquez（2007，西班牙） Abdullaev 等（2009，乌兹别克斯坦） 黄季焜等（2005，中国） 陈雯（2012，中国）	Harold 和 Runge （1993，40 个国家） Leetmaa （1996，美国和欧盟） Vennemo 等 （2008，中国） 张相文和黄娟 （2012，中国）	OECD （2000，OECD 国家） Johanson 等 （2006，美国） Verburg 等 （2009，13 个世界地区） 张凌云等 （2005，中国） 匡远配和谢杰 （2011，中国）

资料来源：作者整理得到。

（一）农产品贸易自由化会降低一国农业环境水平

较早研究有 Lopez（1997）探讨了加纳贸易自由化对传统农业环境外

部性的影响，研究认为生物量是加纳农业生产的重要因素，生物量被过度开采，而贸易自由化可能会进一步加剧加纳生物量损失并刺激森林的砍伐，造成国民收入水平的下降。

Barbier（2000）论证了经济自由化和全球化引发发展中国家农业资源退化的直接效应和间接效应：直接效应表现为农业生产活动增加导致的森林退化和非可持续生产方式导致的土地退化；间接效应表现为农业工业化发展对劳动力的重新分配，造成耕地和林地的过度开发。

近年来的主要文献有，Nielsen（2006）通过研究欧盟和波兰贸易自由化对东波罗的海鳕鱼市场的影响发现，贸易自由化可能会造成鳕鱼的过度开采，导致鳕鱼供给国的生态破坏，社会福利降低，而合理的渔业管理制度带来的福利的提高可以抵消贸易自由化的福利损失。

Vilas－Ghiso 和 Liverman（2007）分析了 NAFTA 签订后墨西哥产业化农民（industrial farmers）的化肥施用和公社农民（communal farmers）的耕地使用情况。实证结果发现，贸易自由化的结构效应和技术效应使化肥施用量下降，规模效应使化肥施用量上升，规模效应超过结构效应和技术效应之和；规模效应和结构效应使耕地使用面积上升，技术效应使耕地面积减少的趋势明显，但是规模效应和结构效应的影响程度更大。

此外，部分学者使用“虚拟土地”和“虚拟水”的方法针对某国某项特定污染进行分析。比如，Wurtenberger 等（2006）从“虚拟土地”角度分析小麦贸易市场开放对瑞士环境影响。研究发现贸易自由化使得瑞士国内产量减少，整体环境效用下降。Velazquez（2007）和 Abdullaev 等（2009）分别分析了西班牙安达卢西亚地区和乌兹别克斯坦的水资源消耗情况，发现农产品贸易自由化使两地区的农业水资源消耗量增加。

黄季焜等（2005）通过分析新一轮贸易自由化对中国农业、贫困和环境的影响发现，贸易自由化会增加农业化学品的投入，对农业环境起到负面影响，但是对中国农业的总体影响是利大于弊。陈雯（2012）采用 1995 年至 2010 年的时间序列数据，通过协整和脉冲响应分析方法对我国农产品出口贸易总额和农业环境污染之间的长期变化关系进行了实证检验，其结果表明：我国农产品贸易出口额和农业环境污染之间存在着长期正向关系，出口增加会导致农业污染排放的增加；农产品出口贸易规模的变化是导致农业环境污染排放量变化的原因之一。

（二）农产品贸易自由化能提高一国农业环境水平

农产品贸易对环境的影响效应是通过相关农业政策来发生的，学者们往往引入贸易政策来衡量国际贸易开放水平。Harold 和 Runge（1993）建立了一个被解释变量为化肥单位面积使用量，解释变量包含生产者补贴等价物（PSE，Producer Subsidy Equivalent）的多元回归方程。通过对 40 个国家的面板数据实证研究发现，PSE 的系数显著为正，说明随着 PSE 的降低，贸易自由化程度提升，化肥单位面积使用量降低，农业环境得到改善。

Leetmaa 等（1996）利用 WHIM 模型（Wheat and Inputs Model）对比分析了美国和欧盟取消小麦出口补贴政策对氮肥和其他农业化学品使用的影响。研究发现：出口补贴的取消使欧盟氮肥使用量减少，使美国氮肥使用量增加；总体上改善了农业环境质量，改善作用较小。

在关于我国农产品贸易对农业环境影响的文献方面，Vennemo 等（2008）采用包含 64 个产业（包括 10 个农业产业部门）的一般均衡模型分析了我国加入 WTO 对环境的影响。结果发现，入世后的结构效应使我国产业结构向清洁产业转移，温室效应气体（包括 CO_2、CH_4 和 N_2O）、PM10 和 SO_2 排放量下降，但是 NOx 和 VOC（挥发性有机化合物）排放量升高。对于农业部门来说，农业资源逐渐向制造业转移，农产品进口使得国内农业生产下降，CH_4 和 N_2O 气体排放减少，农业环境得到改善。

张相文和黄娟（2012）采用我国 1990 年至 2010 年数据，构建了农产品贸易自由化环境效应的联立方程模型，其结果表明：化肥和农药使用量的规模、结构和技术效应都是显著的，其中规模效应和结构效应的系数显著为正，表明农产品贸易自由化带来的生产规模扩大和生产结构调整增加了化肥和农药的使用量，对环境产生负面影响；技术效应的系数显著为负，表明农产品贸易自由化带来的技术进步有利于减少化肥和农药的使用量，减轻农业环境污染；其总效应为正，表明贸易自由化将有利于减少化肥和农药的使用量，对农业环境起到改善作用。

（三）农产品贸易自由化对农业环境的影响不确定

OECD（2000）探讨了农业相关的贸易诱发的国际环境和国内环境效应。研究发现：农产品贸易政策的改革对环境既有正面影响也有负面影响，总影响取决于农产品贸易自由化对生产的进一步影响和当地环境管制政策等条件；贸易诱发的产量变化根据具体国家和商品的不同而不同；农产品贸易自由化对国际和国内环境影响的预测依赖于假设条件的不同。

Johanson 等（2006）运用 USMP（US Regional Agricultural Sector Math Programming）模型和 EPIC（Environmental Policy Integrated Climate）模型将所有使贸易扭曲的政策取消，估算美国农产品贸易自由化对农业环境的潜在影响。研究发现贸易自由化带来的农产品产量变化和环境效应并未得到一个统一的结果，产量的上升或下降以及环境的改善或恶化根据地区和部门的不同而不同。比如对于土壤的侵蚀，北部平原和东北部地区会分别提高 1.6% 和 0.8%，而南部平原、东南部地区和太平洋地区分别降低 0.8%、0.2% 和 0.1%。此外，农作物生产导致的氮流失在不同地区的变化也显著不同。

Verburg 等（2009）研究了农产品贸易自由化及其伴随的农业面积和畜牧产量变化对温室效应气体排放的影响。结果发现，贸易自由化预计会使总温室效应气体排放量至 2015 年提高 6%，但是贸易自由化对农业环境的影响结果根据地区和产品种类的不同而不同。作者认为在对贸易自由化的环境效应下一般结论之前应对综合经济环境影响进行详细评估。

张凌云等（2005）选取 1986 年至 2003 年的化肥样本数据和 1991 年至 2003 年的农药样本数据，通过计量经济模型的构建，实证分析了贸易自由化对我国种植业生产中化肥和农药使用的影响。研究结果表明，在种植业产品的贸易自由化中，进口渗透作用有利于减少我国化肥和农药的使用量，而出口导向作用对化肥和农药使用量的影响不明显。

匡远配和谢杰（2011）利用 1995 年至 2009 年我国整体农业相关数据和 2008 年我国 31 个省份的农业数据，对我国农产品贸易的资源效应和环境效应进行了实证分析。其研究发现，我国农产品贸易发展对资源消耗和环境影响具有明显的时空特征，各地区能源消耗与环境污染程度不同，农产品贸易的资源效应和环境效应随着出口贸易额的增大，发生不同的方向变化。

四、文献评述

本章从贸易与环境问题的国内外文献综述、农产品贸易对农业环境的作用机理、农业环境指标测算和研究方法、农产品贸易对环境的影响之争等几方面对相关研究进行了整理、归纳和总结。基于对上述文献地学习和思考，发现了目前学术界关于该问题研究的可借鉴之处和不足之处：

第一，环境与贸易问题的文献积累较为丰富，但绝大多数集中于工业制造业的研究，着眼于农业方向的研究较少。主要原因有以下几点：一是农业拥有特有的生态循环系统，农业化学品既是生产投入也是污染的主要来源，农业污染在短时间内较难察觉；二是农业拥有面源污染的特征，污染数据难于直接观测和管控；三是农业对生态环境的影响范围更广，国际贸易政策和环境政策较复杂，如何准确建立农产品贸易与农业环境之间的理论关系比较困难。然而，随着人们对农业环境重要性认知程度的提高，关于农产品贸易和农业环境的文献开始逐渐增多，已有部分学者利用有限的条件，对该问题做出了卓有成效的讨论，为今后的研究工作奠定了基础。

第二，贸易与环境问题的理论研究体系较为成熟，但是针对农产品贸易与农业环境作用机理的文献较少，缺乏一个较为完整的理论框架。关于贸易与环境问题的主要经典理论和假说有："污染天堂"假说、南北贸易模型、环境成本转移假说、"向底线赛跑"假说、环境库兹涅茨倒 U 型曲线、贸易环境效应分析等。通过对经典理论的学习发现，以上理论从不同角度对贸易环境问题进行分析，涵盖的研究面较多，兼容性强①，适应性广，非常值得研究者在分析农业问题时进行参考和借鉴。但是，由于农业

① 比如 Grossman 和 Krueger（1991）从环境库兹涅茨倒 U 型曲线和贸易环境效应分析两方面对贸易环境问题进行探讨。

面源污染和农业产业自身的特殊性，农产品贸易与农业环境间的作用机制较为复杂，往往被国际贸易政策和国内农业政策共同作用，贸易对环境的影响效应就是通过相关农业政策来发生的。因此，将农业政策纳入分析框架，建立一个具有农业特色的贸易－环境理论系统，可以弥补相关领域研究的空缺。

第三，农业环境指标的选取和测算没有统一的标准。目前可获得的主要环境污染数据，如废水排放量，废气排放量（二氧化硫、烟尘、粉尘）和废物排放量等都是工业领域数据。这是因为农业污染不同于工业污染的点源性特征，没有固定的污染排放点，是一种面源污染，难于统计和估测；再加上农业环境监测系统尚不健全，在一般的环境年鉴和公报中没有农业污染物的统计数据。为克服上述难点，一些学者开始致力于农业环境指标的开发和估算，并取得了一定的成果。目前主要的方法有农业化学品投入法、污染物推算法、养分平衡法、单元调查法和系统指数法等，但这些方法都存在一定的缺陷，尚缺乏一个较为统一的测算标准，不利于各研究结果的横向比较。合理的农业环境指标是研究农产品贸易与农业环境问题的基础，对其进行正确的评估具有十分重要的理论和实际意义。

第四，在实证研究方面，随着国际上对农业问题的日益关注，国外学者通过对不同国别地区、农业部门和环境指标的考察，已经开展了一系列卓有成效的研究。国外的相关文献对我国有一定借鉴意义，但是由于研究结果受具体国情影响差异较大，别国成果不能直接拿来解决我国所面临的一系列问题。由于农产品贸易政策的复杂性和统计数据的缺失，国内的文献比较欠缺。尽管部分学者对相关问题的研究做出了积极贡献，但仍然存在以下几点有待进一步完善的研究方向：一是样本数据多集中于污染数据，缺少对于其他环境指标的运用和分析，不能全面衡量农业环境变化的特点；二是对于农产品贸易环境效应的研究多集中于较为传统的三大效应研究，很少其进行更为细致完整的划分；三是多数文献选取出口贸易数据作为研究对象，对进口数据和整体贸易情况的把握并不十分丰富。

第五，贸易对环境的影响争议较大，农业方向的研究结果也是如此。通过对相关文献的整理发现，主要存在贸易有害论、贸易有益论、贸易对环境的影响不确定三种结论。主要原因是因为研究结果会受研究对象、样本数据、时间范围、地域特征和研究方法等诸多因素的影响。比如通过比较基于我国整体样本数据和区域样本数据的贸易环境相关文献发现，针对我国整体区域的研究结果和针对我国经济贸易排名靠前地区的研究结果差异较大。基于全国省份的样本数据分析，得到了对外贸易改善环境而对外直接投资使环境恶化的结论；而对经贸较为发达的省市研究发现，对外直接投资有利于环境质量的改善而对外贸易则对环境产生诸多不利影响。由此可见，对于该问题的回答没有统一的答案，需要结合具体情况作出具体分析。本书认为，单纯追求经济贸易数据而牺牲生态环境，或者为了保护环境而闭关锁国，减缓经济发展的行为都是不可取的。应该在维护好农业生态环境和保证农产品质量安全的前提下，维持农产品贸易的良性发展。因此，对于农产品贸易和农业环境的研究最终要拓展到两者的协调发展这一层面上来。

根据对相关文献的学习和总结，本书将从以下方向对农产品贸易和农业环境效应的研究展开讨论：

首先以贸易环境理论为基础，通过开放经济条件下农产品贸易和农业环境一般均衡模型的构建，考察了农产品贸易对农业环境的作用机理和影响渠道，并对农产品贸易环境效应进行了分解。之后分析了在不同农业环境政策下自由贸易对环境的影响和社会福利变化，以及农业环境政策对一国农产品进出口的限制和鼓励。在理论分析的基础上，利用时间序列数据分别检验了我国整体农产品贸易、农产品出口贸易和农产品进口贸易与农业环境之间的动静态关系，对理论研究结果做出了实证补充。为考察农产品贸易对我国农业环境影响的具体作用机制，将农产品贸易环境效应划分为规模效应、结构效应、技术效应、直接贸易效应、环境管制效应和要素禀赋效应，对我国的省级面板数据进行了研究。同时，为比较分析不同区域的贸易环境特点，对东、中、西三大地区的贸易环境效应分别展开讨论，并对分地区农业环境效应弹性进行了测度。最后，通过对我国农产品贸易与农业环境之间的协调系数和动静态协调度的计算，分析我国农业发展与生态环境的现状及其背后原因。

第三章　农产品贸易与农业环境的理论分析

本章从理论分析角度考察农产品贸易对农业环境的影响效应，并对相关的农业环境政策和农产品对外贸易政策进行探讨研究。主要研究目的是希望从理论角度寻找以下几个问题的答案：1. 农产品贸易对农业环境影响的作用机理是什么？影响渠道有哪些？2. 在贸易开放条件下，不同农业环境政策会对农业环境产生怎样的影响？社会整体福利水平如何变化？3. 与环境相关的农产品贸易政策对一国农产品进出口的影响效应如何？

本章的研究结构如下：首先，建立农产品贸易和农业环境的一般均衡模型，对农产品贸易环境效应进行分解；然后考察在农产品贸易开放条件下，环境政策对农业环境和社会福利的影响；最后，就目前国家干预农产品主要手段中的绿色贸易壁垒和绿色补贴政策对一国农产品进出口的限制和鼓励作用进行理论分析。

第一节　农产品贸易环境效应的一般均衡分析

一般均衡分析通过经济体产品市场和要素市场的供求关系来考察市场均衡状态和均衡条件，是用来分析环境与经济关系的较为理想的模型方式。本节使用 Copeland 和 Taylor（2003）① 开放条件下的贸易 - 环境可计

① 作为本书的理论基础，本章“一、一般均衡分析”整理自 Copeland 和 Talyor（2003）。

算一般均衡模型为分析框架，并尝试将 ACT 模型（Antweiler、Copeland 和 Taylor，2001）中的贸易开放度引入该模型来探讨农产品贸易开放程度的变化对农业污染的作用机制。本章考察对象为小国经济①，按照小国含义的前提假设，所有商品的世界价格是外生的，国内价格是内生的。Grossman 和 Helpman（1993）指出世界上没有任何国家在实际中符合小国的假设。但是小国模型仍然可以作为一个有用的经济条件，其优点在于可以首先集中考虑世界市场对国内经济的影响机制，而不必同时为国内经济对世界市场的反馈作用而分心（彭水军等，2006）。

一、一般均衡分析

（一）模型假设条件

本节采用一个开放经济条件下的两要素两产品模型。在此经济体中，有资本和劳动两种生产要素，要素价格分别为 r 和 w。假设农业环境污染只由农产品生产者造成，污染会损害消费者的效用但是不会影响生产率，使用要素的技术规模收益不变。有两种农产品 X 和 Y，X 的生产过程中会伴随着环境污染，Y 的生产过程不会产生污染。X 的价格为 p，假设该国为小国，因为开放经济中的国内价格与国际价格相同，所以 p 值为外生的世界价格。Y 的价格为计价物价格，即价格为 1。

（二）农产品生产者

农产品 Y 的生产函数设为：

$$y = H(K_y, L_y) \tag{3.1}$$

农产品 X 在生产过程中同时会排放出污染 Z，假设生产者花费一部分的生产要素用于污染治理，这个比例为 θ。当 θ = 0，即没有生产要素用于

① 本书同时对农产品贸易环境效应的大国模型进行了考察，得到与小国模型相似的结论，主要区别在于农产品贸易开放程度的提高对污染密集型产品进口国农业污染的影响可能跟小国不同。具体分析见附录 1。

X 产品的污染治理时，设 X 的生产函数为 $X = F(K_x, L_x)$，F 为不存在污染治理时 X 的潜在产出。当 θ = 1，即所有生产要素全部投入污染治理时，X 的产量为 0。如果 0 < θ < 1，说明农产品生产者将部分生产要素投入到污染治理，剩余生产要素用于 X 的生产，X 的产量为 $(1-\theta)F(K_x, L_x)$。所以 X 的生产函数为：

$$x = (1-\theta)F(K_x, L_x) \tag{3.2}$$

其中，0≤θ≤1。H 和 F 均为递增的线性齐次凹函数。

生产 X 过程中，污染 Z 的排放量可表示为：

$$z = \varphi(\theta)F(K_x, L_x) \tag{3.3}$$

其中，φ（0）=1，φ（1）=0。（3.3）式表示当农产品生产者没有农业污染治理行为，即 θ = 0，φ（0）=1 时，可以通过 X 产量单位和 Z 排放单位的选择，令一单位的 X 产生一单位的 Z，使得 $z = F(K_x, L_x) = x$。如果存在污染治理行为，一单位的 X 产生小于一单位的 Z，z < x。

将 φ（θ）定义为下式：

$$\varphi(\theta) = (1-\theta)^{1/a} \tag{3.4}$$

其中，0 < a < 1。将（3.3）和（3.4）式带入（3.2）式可以得到 Cobb－Douglas 形式的生产函数如下：

$$x = z^a [F(K_x, L_x)]^{1-a} \tag{3.5}$$

由上式可以看出：虽然农业污染是农产品 X 生产带来的联合产出，但是为便于分析，也可将农业污染 Z 看作是农产品 X 的生产投入。因此，X 产品的生产投入可以分解为生产过程中排放的污染 Z 和无减排投入下的潜在产出 F。假设政府对每单位 Z 排放征收 τ 的农业污染税，即 Z 的价格为 τ。根据 Cobb－Douglas 的函数性质可知在 X 的生产成本中，污染排放费用所占比例一定为 a，从而可以得到：

$$a = \frac{\tau z}{px} \tag{3.6}$$

农产品生产者在生产过程中会选择使成本最小化的行为，此行为可分两步进行。首先，选择使潜在产出成本最小的资本和劳动生产要素。因为本节假设生产要素的规模报酬不变，所以只需考虑潜在产出等于 1 条件下的成本最小化。设c^F为单位潜在产出的最小成本，可以得到表达式如下：

$$c^F(w, r) = \min_{\{k,l\}} \{rk + wl: F(k, l) = 1\} \tag{3.7}$$

然后，在潜在产出成本最小化的基础上选择使实际产出成本最小的污染排放量和潜在产出量。同样因为规模经济不变，只需考虑生产1单位X产品时的成本最小化。设c^x为单位实际产出的最小成本，可以得到表达式如下：

$$c^x(w, r, \tau) = \min_{\{z,F\}} \{\tau z + c^F(w, r)F: z^a [F(K_x, L_x)]^{1-a} = 1\} \tag{3.8}$$

通过求解（3.8）式，可以得到成本最小化约束条件下的单位最优农业污染排放水平，即单位实际产出的等产量曲线X=1和斜率为$-\frac{c^F}{\tau}$的等成本线的切点。由（3.8）式的一阶条件可得：

$$\frac{z}{F}\frac{(1-a)}{a} = \frac{c^F}{\tau} \tag{3.9}$$

同时，由（3.5）式的线性同次性质可得：

$$px = c^F F + \tau z \tag{3.10}$$

综上，由（3.7）式和（3.8）式同样可以推出$a = \frac{\tau z}{px}$。将污染强度设为e，也就是生产每单位X产品的污染排放量，$e = z/x$。可以得到下式：

$$e \equiv \frac{z}{x} = \frac{ap}{\tau} \leqslant 1 \tag{3.11}$$

由（3.11）式可以看出，农业污染强度e随着农业污染税的提高而降低，因为污染税的提高使农产品X的排污成本增大；e随着农产品X的价格而提高，因为农产品X价格的提高代表了用于减排生产要素的机会成本的提高。

（三）农产品消费者

假设农业污染为有害公共品，对所有消费者效用为负。所有消费者偏好完全一致，且效用方程可以分解为消费产品和环境质量的效用，则该国一个典型消费者的效用方程表示为：

$$V(p, I, z) = \nu(R) - \gamma(z) \tag{3.12}$$

I 为人均收入水平，η 为本国价格指数，R 为人均真实收入水平，$R = I/\eta(p)$。ν 为递增凹函数，γ 为递增凸函数。

（四）政府

政府根据生产可能性和私人部门行为，选择使每一个典型农产品消费者效用最大化的污染量：

$$\max_z V(p, I, z) \tag{3.13}$$

其中，人均收入由国民收入和人口决定，假设该国有 N 个同质农产品消费者，国民收入为 G，则 I = G/N。定义 G 的函数为：

$$G(p, K, L, z) = \max_{\{x,y\}} \{px + y: (x, y) \in T(K, L, z)\} \tag{3.14}$$

T（K，L，z）表示在规模报酬以及给定要素禀赋和污染水平的情况下，农产品产出 x 和 y 的所有可能生产集合，K、L 和 z 均为外生变量。国民收入可以写为农产品价格、要素禀赋和农业污染排放量的函数，所以消费者人均收入 I 受产品价格、要素禀赋和污染排放量的影响。政府对于农业污染排放的最优政策可以写为：

$$\max_z \{V(p, I, z) \ s.t.\ I = G(K, L, p, z)/N\} \tag{3.15}$$

（五）农业污染排放的需求

根据包络定理，资本和劳动的价格可以通过对国民收入函数（3.14）式分别求资本要素和劳动力要素的偏导数得到：

$$\frac{dG(p, K, L, z)}{dK} = r \tag{3.16}$$

$$\frac{dG(p, K, L, z)}{dL} = w \tag{3.17}$$

（3.16）式和（3.17）式表示每增加一单位生产要素的投入所带来的国民收入增长变化水平，也就是资本和劳动的边际产值。在完全竞争市场条件下，资本要素的边际产值一定等于资本价格，劳动要素的边际产值一定等于劳动价格。

根据（3.5）式，把污染看作是一种要素投入，也就是说污染税价格同资本和劳动一样也等于其要素的边际产值，从而得到污染税的表达式为：

$$\tau=\frac{dG\ (p,\ K,\ L,\ z)}{dz}=G_Z\ (\mathrm{K},\ \mathrm{L},\ \mathrm{P},\ \mathrm{z}) \tag{3.18}$$

（3.18）式即为污染 z 的逆需求函数，表示每单位农业污染排放的价格等于每增加一单位农业污染排放所带来的国民收入的变化。

（六）农业污染排放的供给

根据（3.15）式，得到使农产品消费者效用最大化的农业污染排放量 z 的一阶条件：

$$V_I\frac{dI}{dz}+V_p\frac{dp}{dz}+V_z=0 \tag{3.19}$$

因为该模型的前提假设为开放经济下的小国模型，所以国内消费者面对的农产品价格不变，dp/dz = 0。又由 I = G/N 和 $\tau=G_Z$得到：

$$\frac{dI}{dz}=\frac{d\left(\frac{G}{N}\right)}{dz}=\frac{G_Z}{N}=\frac{\tau}{N} \tag{3.20}$$

$$\frac{\tau V_I}{N}+V_z=0 \tag{3.21}$$

$$\tau=-\mathrm{N}\frac{V_Z}{V_I} \tag{3.22}$$

其中，$-\frac{V_Z}{V_I}$ 表示污染和收入的边际替代率，也就是一个典型消费者对环境污染的边际损失，可以用 MD 表示。MD 的具体含义是指消费者为了减少农业环境污染而愿意减少收入的水平。由（3.12）式可得：

$$-\frac{V_Z}{V_I}=\frac{\eta\ (p)\ \gamma'\ (z)}{\nu'\ (R)} \tag{3.23}$$

$$\tau=\mathrm{N}\cdot\mathrm{MD}\ (\mathrm{p},\ \mathrm{R},\ \mathrm{z}) \tag{3.24}$$

（3.24）式即为农业污染的供给函数，它表示污染税的价格应该反映全体消费者边际损失的总和，说明政府应该选择一个确保能将农业污染的外部性内在化的农业污染政策。

（七）有效农业环境政策的市场均衡

农业污染排放的“需求”和消费者的边际损失总和决定了均衡的农业污染排放水平z_0：

$$G_Z（K，L，P，z）=N \cdot MD（p，R，Vz） \quad (3.25)$$

为达到这一均衡值，政府可以征收均衡条件下的农业污染税τ_0，或者制定一个均衡价格为τ_0的可交易农业排污权z_0。

二、农产品贸易开放程度对农业环境的作用机制

本小节尝试使用一种更简单直观的方法，从理论层面表达农产品贸易开放程度对农业环境的作用机制。假设该小国面对的世界价格为p_w，则国内价格 p 的表达式如下：

$$p=\beta p_w \quad (3.26)$$

β 可以作为衡量农产品贸易开放程度的系数。当 β >1 时，p >p_w，该国进口农产品 X；当 β <1 时，p <p_w，该国出口农产品 X；β =1 时，p =p_w，可以理解为农产品自由贸易的情况。β 越接近于 1，该国农产品贸易壁垒的限制越少，贸易开放程度越高。

设农产品 X 和 Y 的总产值为 S = px + y，δ = x/y，可计算得到：

$$x=\frac{\delta S}{1+p\delta} \quad (3.27)$$

将上式代入 z = ex 可得：

$$z=\frac{e\delta S}{1+p\delta} \quad (3.28)$$

将上式取对数后全微分可得：

$$\widehat{z}=\mu_1\widehat{S}+\mu_2\widehat{\delta}+\mu_3\widehat{e}+\mu_4\widehat{p} \quad (3.29)$$

又因为 p = β p_w，所以：

$$\widehat{p}=\widehat{\beta}+\widehat{p_w} \quad (3.30)$$

$$\widehat{z}=\mu_1\widehat{S}+\mu_2\widehat{\delta}+\mu_3\widehat{e}+\mu_4\widehat{\beta}+\mu_5\widehat{p_w} \quad (3.31)$$

$\widehat{\beta}$表示农产品贸易开放程度的变化对农业污染排放的影响，通过（3.31）式中农业污染排放与农产品贸易开放程度方程的建立，可以从理论层面说明两者间的作用关系。此外，在（3.31）式中：$\widehat{S}$表示生产规模的变化对农业污染排放的影响，是一种规模效应；$\widehat{\delta}$是指污染密集型农产品产出和清洁农产品产出的比例变化对污染的影响，是一种结构效应；$\widehat{e}$是指农业污染排放强度的变化对污染的影响，因为农业技术的提高能降低农产品单位产出的污染排放，所以 e 可以衡量经济体的农业技术水平，$\widehat{e}$是一种技术效应；$\widehat{p_w}$是指世界市场价格的变化对农业污染排放的影响。

为得到农业环境污染与更多影响因素的联系，将（3.6）式转化为：

$$z = \frac{apx}{\tau} \tag{3.32}$$

将 $x = \frac{\delta S}{1 + p\delta}$代入（3.32）式，对 z 取对数并全微分后可以得到：

$$\widehat{z} = \lambda_1 \widehat{S} + \lambda_2 \widehat{\delta} + \lambda_3 \widehat{a} + \lambda_4 \widehat{\beta} + \lambda_5 \widehat{p_w} + \lambda_6 \widehat{\tau} \tag{3.33}$$

因为 $\tau = N \cdot MD(p, R, z)$，所以 z 又可以分解为：

$$\widehat{z} = \lambda_1 \widehat{S} + \lambda_2 \widehat{\delta} + \lambda_3 \widehat{a} + \lambda_4 \widehat{\beta} + \lambda_5 \widehat{p_w} + \lambda_6 \widehat{N} + \lambda_7 \widehat{R} \tag{3.34}$$

由（3.34）式发现，农业环境污染排放水平除受农业生产规模、生产结构、技术水平、贸易壁垒和世界市场价格的影响外，还受消费者人口和真实人均收入的影响。

三、农产品贸易环境效应分解

根据（3.34）式可知贸易开放条件下，农业环境污染受多种因素影响。本小节从农业经济规模、农业经济结构、农村居民人均收入、农业科技水平和农业生产外部效应等五方面阐述农产品贸易对农业环境的影响效应。

设 x 和 y 的总产量为 Q，σ 为 x 占 Q 的比值，$\sigma = \frac{x}{Q}$，则由（3.32）式可得

$$z = \frac{apQ\sigma}{\tau} \tag{3.35}$$

对上式取对数得：

$$\ln z = \ln a + \ln p + \ln Q + \ln\sigma - \ln\tau \tag{3.36}$$

微分可得：

$$\frac{dz}{z} = \frac{da}{a} + \frac{dp}{p} + \frac{dQ}{Q} + \frac{d\sigma}{\sigma} - \frac{d\tau}{\tau} \tag{3.37}$$

即：

$$\hat{z} = \hat{Q} + \hat{\sigma} + \hat{a} + \hat{p} - \hat{\tau} \tag{3.38}$$

通过（3.38）式可将农产品贸易环境效应分解如下：

（一）农业经济规模

$\hat{Q}$表示规模效应，系数为正，说明贸易开放引致经济规模的增长会使农业污染加剧，规模效应对农业环境为负效应。农产品贸易开放程度的提高能激励农业经济发展，而农业经济活跃性的提高往往会导致自然资源的过度开采和生态环境的破坏。在生产结构、技术和规模经济等其他条件不变的情况下，生产规模的扩大使得要素投入加大，污染排放也会相应按比例（设为 $\rho>0$）增加，所以规模效应一定为负，即：

$$\rho G(p, K, L, z) = G(p, \rho K, \rho L, \rho z) \tag{3.39}$$

但是在现实生活中，仍然存在不少经济规模增长帮助农业环境改善的实例。主要原因是因为农产品贸易带来的经济增长可以刺激更加有效的环境保护政策和环境科技的发展，优化农业生产结构，从而提高自然资源的利用效率，降低单位农产品资源使用量和污染排放量，例如提高化肥农药使用效率、农业废物的资源化利用等。如果农产品贸易和经济增长通过上述手段使农业污染减少，则此时贸易对环境的规模效应为正。

（二）农业经济结构

农产品贸易带来的结构效应是指经济全球化和贸易开放使得一国农业生产结构的改变与其比较优势相一致。结构效应因具体方式的不同，可能对农业环境产生正负两种影响：贸易开放程度的提高可能导致不合理的经济结构产生对农业生态环境的破坏作用，形成与可持续发展战略相悖的发展模式，此时规模效应为负效应；在对农业生产规模和发展阶段的合理规划下，贸易开放也可能趋向于减少污染密集型农产品的生产，加速生产结构的转型，此时规模效应为正效应。例如，正确调整种植业、畜牧业和林业的比例，鼓励农作物的多元化发展以减少农作物的化学依赖性等措施，可以更加充分合理地利用自然资源，保持生态系统的协调稳定。

在（3.39）式中，$\sigma = \frac{x}{S}$为污染密集型农产品产量占总产量的比值，$\hat{\sigma}$的系数为正，说明贸易开放导致的污染密集型产品生产扩张会使农业污染排放量上升，此时结构效应为负。根据雷布津斯基定理，资本劳动比的提升会使X产品产量上升，Y产品产量下降。设$\kappa = \frac{K}{L}$，可得$\frac{d\sigma}{d\kappa} > 0$。$\hat{\sigma}$对$\hat{z}$的系数为正，所以资本劳动比$\hat{\kappa}$的系数也为正，资本劳动比的提高对农业环境的效应为负。

贸易开放程度的提高能促使农业生产结构通过资源禀赋效应（Captial -Labor Effect，KLE）和环境管制效应（Environmental Regulation Effect，ERE）对农业环境产生影响。资源禀赋效应是指贸易开放导致的国际分工会提高一国相对丰裕的要素密集型产品生产。

将（3.26）式带入（3.38）式可得：

$$\hat{z} = \hat{Q} + \hat{\sigma} + \hat{a} + \hat{\beta} + \hat{p}_w - \hat{\tau} \quad (3.40)$$

$\hat{\beta}$系数为正说明：贸易开放程度的提高会使污染密集型产品出口国$\hat{\beta} > 0$，$\hat{z} > 0$，污染上升；与之相反，会使污染密集型产品进口国$\hat{\beta} < 0$，$\hat{z} < 0$，污染下降。（3.40）式证明：农产品对外贸易的进一步开放，使对污染密集型产品生产有比较优势的国家环境恶化，而使对清洁产品生产有比较优势的国家环境改善。

（3.40）式中$\hat{\tau}$的系数为负，表明更为严格的环境管制政策可以减少农业污染的排放，环境效应为正。农业环境管制效应是指农产品贸易促进了农业经济发展和农民生活水平，从而加强了环境政策的标准和实施对环境的影响。多边化贸易可以催生更完善的国际准则，比如各种农业贸易协定中包含的环境措施，从而导致更高层次的环境保护。但是环境管制效应也可能给某些国家和地区带来负面影响，比如迫于贸易压力，部分国家可能选择放松各自的环境标准来维持或增强其产品国际竞争力。环境标准低的国家环境成本较低，因而对污染密集型产品有比较优势，污染排放增加，环境管制效应为负；环境标准高的国家因环境成本较高，污染密集型产品生产减少，环境管制效应为正。

（三）农业科学技术水平

a 为污染密集型农产品中污染排放成本占生产成本的比值，贸易开放条件下农业科学技术的进步可以帮助这一成本的减低从而降低污染排放。科技水平提高使得$\widehat{a}<0$，$\widehat{a}$的系数为正，所以$\widehat{z}<0$，即污染排放量减少，技术效应为正。科学技术的发展创新是减少农业污染排放的最有效手段之一。当农产品贸易带来的经济增长推动清洁技术革新或对农业环境有利的技术通过贸易得以推广时，农产品的单位污染量降低，环境得到改善。技术的传播往往以产品为载体进行，对于环境有利的产品和服务贸易的扩大，比如高效先进的农业机械设备、再生能源、废水废料处理设备等，可以推动其所包含清洁生产技术或环境技术的跨国扩散。WTO（2012）在其《贸易与环境》的报告中鼓励此类市场开放，减少或消除其贸易壁垒和关税。贸易全球化和自由化可以降低环境产品的流通成本，扩大了其潜在市场的范围，从而有利于改善国家的环境质量。但是在现实生活中，当农业化学品的过量使用等加剧环境污染的技术被推广时，农业环境将会恶化，会出现技术效应为负的情况。

（四）农村居民人均收入

由（3.24）式可知污染税 τ 的价格是农产品消费者为减少农业环境污染而愿意减少的收入水平 R 的总和，所以$\frac{dR}{d\tau}>0$，从而可得：

$$\widehat{z}=\widehat{Q}+\widehat{\sigma}+\widehat{a}+\widehat{p}-\widehat{N}-\widehat{R} \tag{3.41}$$

$\widehat{R}$的系数为负，所以农产品贸易开放带来的收入水平提高会减少农业污染排放，改善农业环境，收入效应为正。关于环境收入效应的主要理论是环境库兹涅茨倒U型曲线，通过对收入和环境的相关性研究发现：在低收入阶段，随着收入的提高，环境污染排放量增加；而当人均收入提高到某一数值，即环境库兹涅茨曲线拐点时，污染排放量减少，环境会随着收入的增高逐渐改善；环境污染和收入的关系呈现出倒U型的变化状态。

农产品贸易对农业环境的收入效应影响方式主要可归结为以下四种形式：一是贸易推动经济增长带来的个人收入增长，使农村居民对农业环境的需求提高，增加了农民对生态环境的支付意愿，公共领域的环境支出也会相应提高；二是贸易开放带来的经济增长为农业环境保护提供了更多的可用资源，提升了国家对农业环境保护的重视程度，增加了农业环保支出总额和其占GDP的比重；三是当贸易促进的经济增长发展到一定程度时，可以减少由于农业自然环境恶化导致的农民贫困问题①；四是贸易带动的经济增长可能优化农业环境政策改革，有益于新环境法律法规的颁布和新环境机构的建立，从而通过政策和法律法规手段去改进农业生态环境，减少农业面源污染（Panayotou，2000）。

（五）农业外部性

除上述影响效应外，农产品贸易对农业环境还存在着较难量化的外部效应影响，主要体现为贸易促进环境保护带来的正外部效应和贸易造成环境污染带来的负外部效应。比如农产品贸易开放程度提高带来的经济进步，可能帮助经济体有更多的环境经费投入到水土流失治理、退耕还林、治涝防洪等环境治理工程中，产生正的农业环境外部效应；农产品出口创汇的压力也可能迫使经济体走上高污染、高能耗的路径，产生负的农业环

① 但是Panayotou（2000）同时认为，不具备比较优势的农业贫困人口可能因为全球化竞争而被进一步边缘化。贫困人口因为没有机会利用科技、资本等竞争方式，而公开的自然资源又因贸易开放原因被掠夺，可能造成贫穷和环境退化的恶性循环。

境外部效应。外部效应并不能反映在市场机制之中，往往导致市场失灵和资源配置效率低等问题的发生。环境污染是产生负外部效应的典型案例，最佳的解决方案是认清责任关系，通过合理的政策机制实现环境外部性的内在化。但是相较于工业污染，农业污染的责任划分和价格化更为困难。

第二节　贸易开放条件下的农业环境政策分析

通过对一般均衡模型和农产品贸易环境效应的分析发现，农产品贸易与农业环境的效应影响是通过相关农业政策来发生的，合理的环境政策和贸易政策有助于农业污染的控制和农业环境的改善。本节将对贸易开放条件下的农业环境政策进行分析，下一节则就环境有关的农产品贸易政策进行分析。

农业环境政策手段主要有农业环境质量管理标准限制、农业污染税和农业排污权交易等。这些政策又可根据其灵活程度被划分为刚性农业环境政策和弹性农业环境政策。比如农业环境质量管理标准限制中的生产加工技术标准限制、农药及有毒物质最高残留量限制（MRL）和绿色包装限制等固定标准制度属于刚性农业政策；而由市场制度灵活决定的农业污染税和农业排污权交易等属于弹性农业政策。本章使用 Copeland 和 Taylor（2004）的模型框架，考察在贸易开放条件下，不同农业环境政策对农业环境污染的影响。

为简化分析过程，Copeland 和 Taylor 使用开放经济条件下的两国两产品模型。主要有以下三点假设：1. 有两个国家甲国和乙国，两国均为小国。2. 有两种农产品 X 和 Y，X 为污染密集型农产品，Y 为清洁农产品。3. 假设甲国对清洁产品 Y 有比较优势，出口清洁产品 Y，进口污染密集型产品 X；乙国对污染密集型产品 X 有比较优势，出口污染密集型产品 X，进口清洁产品 Y。

一、刚性农业环境政策

（一）固定农业环境质量管理标准限制

农业环境质量管理标准限制是农业中最常用的环保政策之一，主要包括农药及有毒物质残留量限制标准、农产品生产加工技术标准以及绿色包装标准等。农药及有毒物质残留量限制标准是指对一些农产品的单位农药及其他有毒物质的最大残留量做出限制；农产品生产加工技术标准是指对部分农产品生产加工方法和过程的技术限制，要求严格控制农产品生产过程的安全性、卫生性以及有害物排放量等；绿色包装标准是指规范包装材料市场，对包装的可回收利用程度、可降解程度、污染率和有害物质含量等做出明确规定。

农业环境标准的制定往往是对单位产品的标准进行规定，因此若采取固定农业环境质量管理标准，也可以理解为规定固定的农业污染排放强度。固定污染排放强度政策比较接近于现实中的环境政策，因为大多数国家的环保目标制定多为污染排放强度而不是污染排放总量。对于工业点源污染来说，污染排放强度较为易于控制和测算；而对于农业面源污染来说，除了农业环境质量标准限制外，对农业化学投入品强度的控制也属于固定污染排放强度政策，比如说化肥单位施用面积或者农药单位使用面积等。固定农业污染排放强度政策是对技术水平的规定，可与农业环境技术水平不变相挂钩。因此，在本书的分析中，固定农业环境质量管理标准限制等同于技术水平不变，即贸易对环境没有技术效应影响。若只考虑农产品贸易对农业环境的规模效应、结构效应和技术效应的影响，则农产品贸易对农业环境的影响只由规模效应和结构效应来决定。

下面使用作图的方式来具体分析采用固定农业环境质量管理标准限制时，污染密集型农产品进口国的规模效应和结构效应。图 3－1 表示在开放贸易以及固定环境标准政策下，甲国 X 和 Y 产品产量、价格以及污染排放量变化的情况。图 3－1 上半部分表示甲国 X 和 Y 产品价格以及产量的变

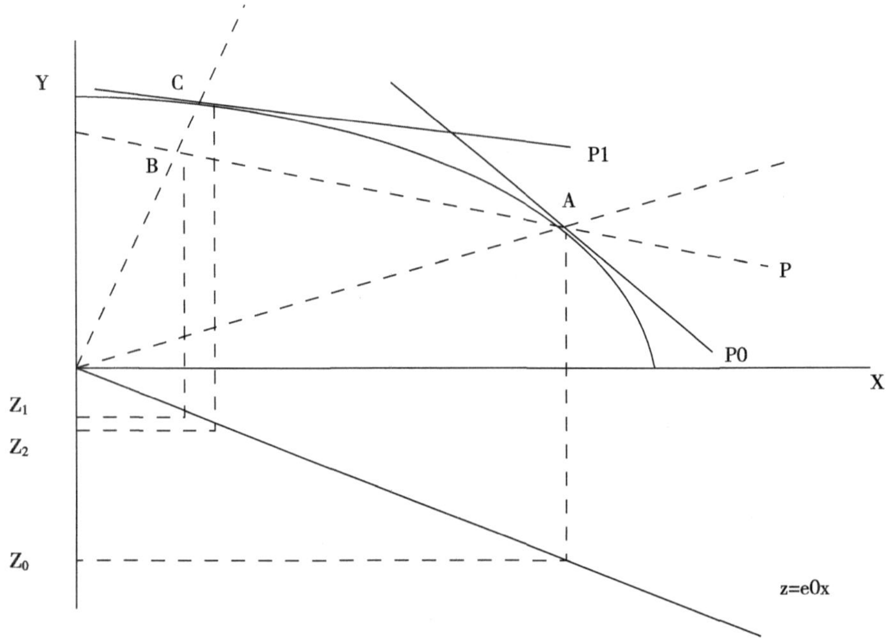

图 3－1　固定农业环境质量标准政策分析

资料来源：Copeland 和 Taylor（2004）。

化；下半部分表示甲国污染排放量的变化，用 Z 表示。因为甲国对于 X 产品的生产有比较劣势，所以在存在贸易壁垒的情况下，甲国 X 产品的国内价格高于世界价格，甲国生产可能性曲线和国内价格线p_0相切于 A 点。在贸易壁垒降低或消除后，X 产品的国内相对价格会下降，使国内价格线由p_0变为p_1，生产点由 A 点变为 C 点，X 生产减少。因为 X 是污染密集型产品，所以污染排放减少，由z_0降低到z_2。假设 X 的世界价格为 p，p 小于p_0。将连接原点至 C 点的虚线，与价格线 p 穿越 A 点的虚线相交，设交点为 B。因为采用固定农业污染排放强度政策时，无技术效应变化，可将污染由z_0到z_2的变化分解为规模效应和结构效应两方面的影响。为具体探究固定污染排放强度下，规模效应和结构效应对农业环境污染的影响，将生产点从初始点 A 到 C 的过程分解为 A 到 B 的过程，以及 B 到 C 的过程。结构效应导致了生产点由 A 向 B 的移动，规模效应导致了生产点由 B 向 C 的移动①。

由上述分析可以看出，对于进口污染密集型农产品的甲国来说：贸易开放导致生产规模扩大，造成了更多的污染，规模效应为负；而贸易开放又使甲国的生产结构向比较优势产业转移，清洁农产品的生产增加而污染密集型农产品的生产减少，所以结构效应为正；贸易开放会使污染密集型农产品的产量降低，结构效应的正绝对值超过规模效应的负绝对值，结构效应起主导作用。对于出口污染密集型农产品的乙国来说：结构效应使其污染密集型产品生产增加，规模效应和结构效应均为负，贸易开放使乙国污染排放量增加。综上所述，当使用固定农业环境质量标准这一政策手段时，农产品贸易对农业环境的技术效应不变，规模效应为负，贸易对环境的影响取决于结构效应。对外贸易的进一步开放使对清洁产品生产有比较优势的国家环境改善，对污染密集型产品生产有比较优势的国家环境恶化。

（二）固定农业排污权

农业排污权是指排放农业污染物的权利，它是由美国经济学家豪尔斯在 1968 年首先提出的，随后被美国环保局以及其他国家进行实践，并取得了较好的经济效益和社会效益。实现排污权交易的途径是建立可转让的排污权市场。通常政府根据经济体的实际情况，估算出一个合理的污染排放量，并将排放这个污染量的权利进行分割，通过定价、拍卖或赠予的方式使企业获得污染排放权。企业也可以根据自己的需求，在排污权市场上，买入或卖出不同大小的农业排污权。本部分讨论固定农业排污权的情况，也就是说政策制定者确定一个固定的农业污染排放数量，这个数量不随其他条件而改变。

贸易开放条件下，固定农业排污权的设置不会使甲国和乙国的农业污

---

① 因为假设 A 点到 B 点是沿着固定斜率为世界价格 p 的虚线移动，甲国生产 X 产品和 Y 产品的规模经济总量不变，所以结构效应造成生产点由 A 向 B 移动，污染由z_0减低到z_1。因为从 B 点到 C 点是沿原点到 C 点的虚线移动，X 产品和 Y 产品生产结构不变，所有规模效应导致生产点由 B 向 C 移动，污染由z_1升高至z_2。

染排放量发生变化，两国的排污量均会固定在规定排污量的上限。对于甲国来说，贸易开放使其清洁农产品生产增加而污染密集型农产品减少，但是为得到利益最大化，甲国的清洁技术会向非清洁技术转移，致使其单位产品排污量上升直至总排污量达到规定的最大值，排污权价格降低。对于乙国来说贸易开放使其污染密集型农产品产量上升，清洁农产品产量下降，排污权对污染排放量的限制会刺激乙国寻求更清洁的农产品生产技术使其单位产品排污量下降，污染排放的数量同样不会发生改变，但是排污权价格会升高。综上所述，在贸易开放的条件下，甲国的规模效应为正，乙国的规模效应为负，但固定排污权政策使得甲国的技术效应为负，乙国的技术效应为正，规模效应和技术效应的正负值相抵消，固定农业排污权政策的运用对两国的农业环境不产生影响。

二、弹性农业环境政策

固定农业环境质量标准限制和固定农业排污权都属于刚性政策，具有机械性、强制性等特点。除刚性政策外，政府也可以采取由市场灵活决定的弹性农业环境政策。根据本章第一节的一般均衡分析可知，最优的污染排放量z_0为当农业污染带来的边际收益和边际损失相等时的污染排放量。z_0可以通过征收一个使之达到均衡状态的最优农业污染税τ_0来实现；也可以直接通过发放一个大小为最优污染排放量z_0的农业排污权来实现；或者将农业排污权价格市场化，使其定价与均衡污染税的价格τ_0相同。

在弹性政策下，农产品贸易对农业环境的影响可看作由收入效应和替代效应两部分构成。收入效应为正效应，可以减少农业污染。因为贸易开放可以提高农村居民的真实收入水平，而环境质量通常被认为是一种正常商品，随着人均收入的提高，环境质量的需求越多，所以在需求的拉动下，农业环境质量得到改善。替代效应可分为生产替代效应和消费替代效应两个方面，总的替代效应由两者相互作用得到。

对于甲国来说，贸易开放使污染密集型农产品价格下降，降低了对污染的需求，生产替代效应和消费替代效应均为正，又因为收入效应总为正，所以甲国农业环境得到改善。对于乙国来说，生产替代效应为负，因为贸易开放使污染密集型农产品价格提高，生产者对污染的需求上升，导致农业污染排放增多，对环境产生负影响；消费替代效应为正，因为环境质量的相对价格会伴随着污染密集型产品价格的提高而提高①。此时，如果乙国农民收入对于农业环境污染损失的弹性较小，使得收入和消费替代产生的正效应小于生产替代的负效应时，尽管采用了最优环境政策，贸易仍然会加重乙国的农业污染；反之，若污染损失的收入弹性较大，则乙国的污染减少，其农业环境得到改善。

三、农业环境政策的福利分析

贸易开放对社会福利的影响可从两方面来分析：不考虑环境因素的贸易利得和贸易导致环境变化的福利影响。借助本章第一节的一般均衡模型对甲国和乙国的福利变化进行分析：假设一个国家的国民收入 G 由资源禀赋 K 和 L，市场价格 p 以及污染量水平 z 决定，则该国国民收入方程可以表示为 G（K，L，p，z）。为简化分析，假设该国人口为 N，所有消费者偏好完全一致，则该国一个典型消费者的效用方程表示为：

$$V(p, I, z) = \nu[(I/\eta(p)] - \gamma(z) \quad (3.42)$$

I 为人均收入水平，I = G/N，η 为价格指数。

$$\tau = dG/dz = G_z \quad (3.43)$$

τ 代表农业环境政策，可以理解为每单位污染排放量的价格，也可理解为排污权价格。τ 的均衡价格等于增加一单位污染所获得国民收入的变化。

政府根据生产可能性和私人部门行为，选择使每一个典型消费者效用最大化的污染量，表示为（3.44）式：

$$Max_z\{V([I/\beta(p), z]\ s.t.\ I = G(K, L, p, z)/N\} \quad (3.44)$$

因为假设该国为小国经济，价格不变，所以 dp/dz = 0。使效应最大化

① 环境质量价格可以看作是环境质量的机会成本，即对每单位污染排放量征收污染税价格，为满足消费者对环境质量需求的升高，政府会相应地提高污染税的价格。

的一阶条件变为：

$$V_I G_z / N + V_z = 0 \tag{3.45}$$

$$\tau = G_z = N\ (-V_z/V_I) = N * MD\ (p,\ I/\beta\ (p),\ Z) \tag{3.46}$$

MD 表示一个典型消费者由环境造成的边际损失，也就是污染和收入的边际替代率。由（3.46）式可以看出，τ 的值是国内所有消费者边际损失的总和。通过这个均衡方程可以计算出当边际收益等于边际损失时的污染排放量，即为最优的污染量z_0。

简化农产品贸易成本为冰山成本，p_d表示包含冰山成本的国内价格，用p_d代替 p，将（3.42）式微分后可得：

$$\frac{dV}{V_I} = -\ Md\ p_d + (\tau - MD)\ dz[1] \tag{3.47}$$

$\frac{dV}{V_I}$表示消除收入对福利影响后福利的变化 M 表示农产品进口量，MD 表示农业污染带来的消费者边际损失。使用p_d代替 p 是为了强调农产品贸易冰山成本对消费者福利的影响。（3.47）式可以表示贸易开放后，一个典型消费者福利的变化受国内产品价格变化和污染变化的双重影响，$-Md\ p_d$表示贸易利得，（τ－MD）dz 表示污染导致的福利变化。其中，贸易利得$-Md\ p_d$总为正[2]，社会福利由污染导致的福利变化（τ－MD）dz 决定。

首先，分析采用刚性农业环境政策时社会福利的变化。在农产品贸易开放后，如果甲国采用较为宽松的固定农业环境质量标准，即 τ＜MD，又因为甲国进口污染密集型产品，dz＜0，所以（τ－MD）dz＞0。对于甲国来说，贸易利得和环境变化带来的福利影响都为正。因此，在采取较为宽松的固定农业环境质量标准下，贸易开放会增加污染密集型农产品进口国的社会福利。如果乙国同样采取较为宽松的固定农业环境质量标准，即 τ＜MD，但是乙国为 X 产品出口国，所以 dz＞0，（τ－MD）dz＜0。因此，对于乙国来说，在采取较为宽松的固定农业环境质量标准时，贸易开放会

① 本部分公式分析参考 Copeland 和 Taylor（2004）的环境政策分析部分。

② 甲国进口 X 产品，则 X 产品国内价格下降，M＞0 且 $d\,p_d<0$，所以 $Md\,p_d<0$；乙国出口 X 产品，X 产品国内价格上升，M＜0 且 $d\,p_d>0$，仍然得到 $Md\,p_d<0$。

造成农业污染排放量增加，如果农业污染造成的损失超过农产品贸易利得带来的福利，贸易开放可能使该国面临福利损失。

在固定排污权或者固定污染配额的政策下，农业污染排放量不会因为贸易开放而发生变化，所以（$\tau - MD$）$dz = 0$，此时社会福利只受贸易利得影响。也就是说，如果使用固定农业排污权或固定污染配额政策，农产品贸易开放会提高社会整体福利水平。

最后，分析采用弹性农业环境政策时的社会福利变化。弹性环境政策的实施会使实施国达到最优的污染排放量，即 $\tau = MD$。此时，农业环境污染导致的福利变化为零，社会整体福利变化只受贸易利得的影响，一定为正。由此可以看出，如果实施能使农业环境污染外部性完全内部化的最优政策，贸易开放虽然可能导致对污染密集型农产品有比较优势的国家污染加重，但是会同时提高其整体社会福利水平。

表 3－1　贸易开放条件下的国内农业环境政策分析

<table>
<tr><th colspan="2" rowspan="2">农业环境政策</th><th colspan="2">农业环境</th><th colspan="2">社会福利</th></tr>
<tr><th>甲国</th><th>乙国</th><th>甲国</th><th>乙国</th></tr>
<tr><td rowspan="4">刚性政策</td><td>农药及有毒物质残留量限制（MRL）标准</td><td rowspan="3">改善</td><td rowspan="3">恶化</td><td rowspan="3">增加</td><td rowspan="3">不定</td></tr>
<tr><td>农产品生产技工技术标准</td></tr>
<tr><td>绿色包装标准</td></tr>
<tr><td>固定农业排污权</td><td>不变</td><td>不变</td><td>增加</td><td>增加</td></tr>
<tr><td rowspan="2">弹性政策</td><td>最优农业污染税τ_0</td><td rowspan="2">改善</td><td rowspan="2">不定</td><td rowspan="2">增加</td><td rowspan="2">增加</td></tr>
<tr><td>均衡价格为τ_0的可交易农业排污权z_0</td></tr>
</table>

注：甲国为污染密集型农产品进口国，乙国为污染密集型农产品出口国。

资料来源：作者整理得到。

第三节　环境有关的贸易政策对农产品进出口的作用与影响

上一节分析了贸易开放条件下相关农业环境政策对一国农业污染排放

和社会福利的影响，本节将就环境相关的农产品贸易政策对一国农产品进出口的限制和鼓励作用进行分析。随着农产品贸易自由化的进程，国际社会对农业关税和非关税壁垒的约束越来越强，传统国际贸易政策工具被逐步消除，绿色贸易壁垒和绿色补贴成为国家干预农产品贸易的主要手段。

一、农业绿色壁垒的贸易影响和长期效应

绿色壁垒是指那些以维护人类健康和环境安全为名而直接或间接采取的限制甚至禁止贸易的法律、法规和政策（王金南等，2002）。绿色壁垒属于技术型贸易壁垒的范畴。根据《技术性贸易壁垒协议》（TBT 协议）[①]，对生态环境、居民健康有益的符合 WTO 原则的绿色壁垒属于合理存在的绿色壁垒；而以限制国外商品为目的，不符合 WTO 原则的贸易导向型绿色壁垒属于歧视性贸易壁垒，应该被禁止。农业绿色壁垒的主要措施手段有产品质量标准，绿色技术标准、环境标签和绿色包装标准等。

（一）农业绿色壁垒对进口国的影响

农产品进口国设置农业绿色壁垒对自身的影响主要可以从两方面来分析：一是对本国环境和消费者利益的保护。相关产品质量标准的建立可以满足本国消费者对农产品在卫生、健康、安全等方面的隐形需求，防止有害物质的流入。同时，对农产品生产过程中污染物排放量的限定，可以监督企业的环保行为，维护全球的生态环境。规范合理地设定农产品标准，对保障居民健康和改善居住环境都有着十分积极的重要意义。二是对本国农产品生产企业的保护。发达国家通过其自身在环境技术方面的比较优势，对进口的农产品实行严苛的技术标准，可以控制进口产品数量，从而达到保护特定农产品产业的目的。比如，因为我国菠菜味道和品质俱佳，

① 《技术性贸易壁垒协议》（TBT 协议）指出：不应阻止各国为保证产品质量，保护人类、动物和植物健康以及保护环境所采取的必要措施；但是这些措施不能以环保为名，行贸易保护之实，对其他国家采取不公平的歧视性贸易制裁，限制自由贸易的发展。

进入日本后，迅速占领其市场。日本政府为保护本国菜农，在2002年修改的进口菠菜的毒死蜱MRL为0.01PPM，比公认的国际食品法典委员会的MRL严格5倍（孙东升，2005）。此外，日本也是中国茶叶的主要出口市场之一。从2004年至2012年间，日本共扣留中国茶类品总数达82次，其中茶叶因MRL超过标准而被扣留的次数约占90.25%（李朝辉，2013）。尤其是2006年日本“肯定列表制度”出台之后，中国农产品严重受挫，出口额大幅下降。

（二）农业绿色壁垒对出口国的影响

农业生产技术和环境技术水平较低的发展中国家遭遇发达国家设置的绿色壁垒时，农产品出口企业的出口数量往往会遭受限制，企业利益蒙受损失。用图3-2来具体说明农产品进口国设置绿色壁垒对出口国的影响。设进口国为A国，出口国为B国。B国为小国[①]，面对不变的世界价格p_w。在没有农业绿色壁垒的情况下，B国农产品的供给曲线为S，需求曲线为D。

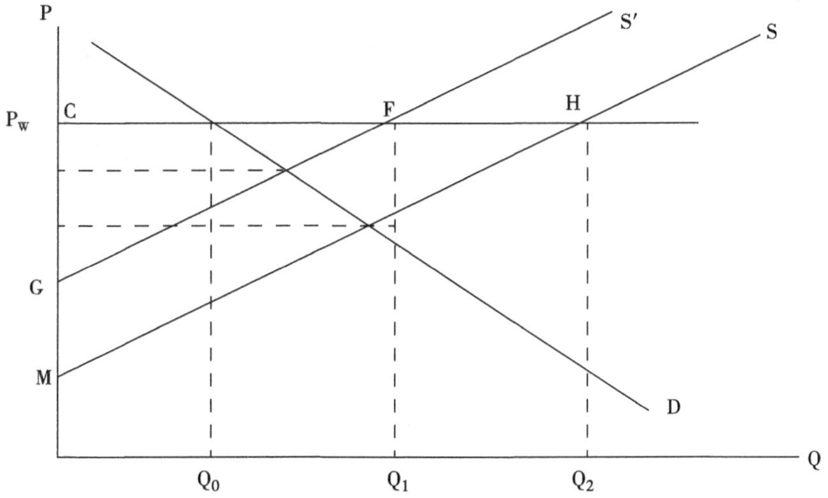

图3-2　农业绿色壁垒对出口国的影响

资料来源：作者绘制得到。

① 对于出口国为大国的农业绿色壁垒影响分析详见附录2。

B 国在农产品生产上具有比较优势，出口Q_2-Q_0的农产品，生产者剩余为 CHM。若 A 国因其技术优势对 B 国出口的农产品设定环境标准，B 国为达到标准，需改进其生产技术，产品成本上升，供给曲线从 S 上移到 S′。此时，B 国在世界价格p_w上的产出下降，出口量降为Q_1-Q_0。生产者剩余由 CHM 下降到 CFG，生产者剩余减少 FHMG，消费者剩余不变，B 国整体福利损失。由此可见，绿色壁垒会对技术水平较低的农产品出口企业带来负面影响，削弱企业的国际竞争力。部分自身无力承担技术改革的企业可能面临被市场淘汰的风险。

（三）绿色壁垒的长期效应：技术模仿替代

从长期来看，合理的农业绿色壁垒可能会对发展中国家环境技术的发展产生激励作用，刺激发展中国家生产满足发达国家消费者需求的更环保，更安全的绿色农产品。为解释 H－O 模型的“列昂惕夫”悖论，一些学者尝试使用技术差距来解释国际贸易的成因。波斯纳提出的模仿差距贸易理论认为持续的创造发明会导致贸易的产生。弗农的产品生命周期理论认为产品会经历创新、成熟、标准化等不同阶段，这些阶段的发生在不同技术水平的国家中存在着时差，这些时差决定了国际贸易的产生。结合模仿差距贸易理论和产品生命周期理论，可用图 3－3 来分析农业绿色壁垒的长期效应。

假设 A 国为具有技术研发优势的发达国家，B 国为发展中国家。B 国的农产品与 A 国相比有价格优势或者品质优势，在自由贸易的前提下，A 国消费者会优先选择 B 国农产品，即 A 国为农产品进口国，B 国为农产品出口国。在t_0点，A 国对 B 国设置农业绿色壁垒，B 国农产品未能达到 A 国的环境标准，B 国对 A 国的出口被限制，A 国的农产品由本国生产。B 国经过一段时间的模仿学习，在t_1点逐渐有企业达到 A 国环境标准，开始向 A 国出口。在t_2点，B 国完全掌握 A 国环境技术，所有出口企业的产品都能满足环境标准，A 国的生产重新被 B 国出口替代。随着 A 国生产技术的研发和提高，A 国对农产品的环境质量标准得到提高。在t_3点，A 国开始对 B 国设置更高的环境标准，B 国对 A 国的出口再一次被绿色壁垒限制，B 国又会进入到新的环境技术学习循环。在此过程中，t_0到t_1可定义为 B 国对 A 国环境技术的学习期间，t_1到t_2是技术的掌握期间，整个t_0到t_2是发展中国家对发达国家技术的模仿替代过程。环境标准的提高程度越大，模仿替代的时期就越长。良性的绿色贸易壁垒可促进发展中国家对先进环境技术的模仿学习，加速科学技术在全球范围内的传播，有益于提高整体的产品质量和生态环境水平。

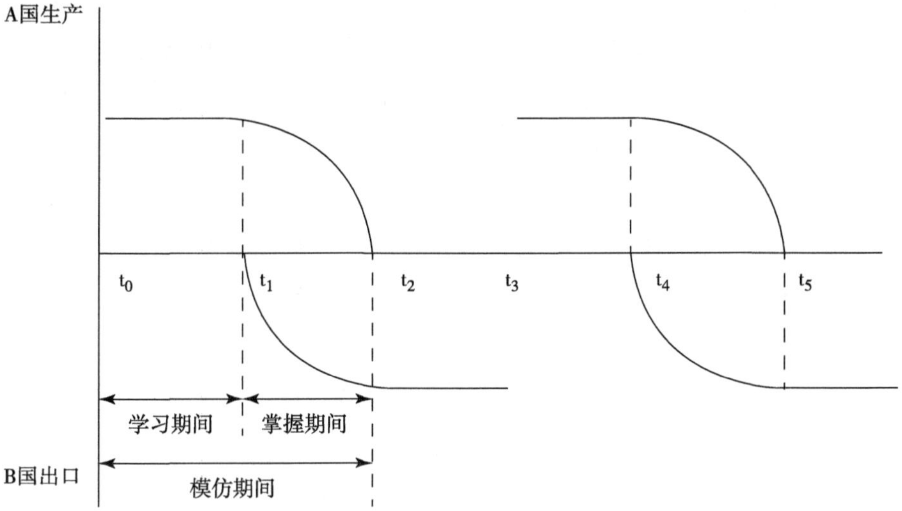

图 3－3　农业绿色壁垒的长期效应

资料来源：作者绘制得到。

二、农业绿色补贴对农产品贸易的主要调节机制

农业绿色补贴是指国家按照环保标准来核定补贴数额的农业补贴（徐晓雯，2007）。按照世贸组织的国际补贴与反补贴规则，农业绿色补贴属于不可诉补贴范围，因此被越来越多的国家所采用（李秀香，2015）。农业绿色补贴可以帮助农产品生产者寻求更清洁的生产技术，提高农产品质量和安全性，改善农业环境水平和社会整体福利水平。从农产品国际贸易的角度来看，对有竞争优势和发展潜力的企业采取农业绿色补贴政策，可以帮助其克服进口国环境质量标准限值，提高国际竞争力，扩大国际市场

份额，从而对本国的经济发展产生积极影响。下面将分别探讨农业绿色补贴如何帮助农产品企业实现农业污染外部效应内在化以及如何克服绿色贸易壁垒带来的出口限制。

（一）调节农业污染的外部效应[①]

假设在一个经济体中存在两个企业分别生产农产品 X 和 Y，简称为 X 企业和 Y 企业。X 产品的生产过程中会伴随环境污染，Y 的生产过程不会产生污染。污染为有害公共品，X 产品产生的污染会影响 Y 企业的利益。X 的价格为 p，Y 的价格为计价物价格，即价格为 1。设 X 的生产函数同本章第一节中一样，仍为：

$$x = z^{a}\left[F\left(K_x, L_x\right)\right]^{1-a} \tag{3.48}$$

假设污染 z 是一种生产投入，但是没有任何环境政策，即污染的价格为 0。在 X 企业只考虑自身利益的情况下，其利润最大化表达式为：

$$\max_{\{x,z\}}\left[px - c^{x}(x, z)\right] \tag{3.49}$$

$c^{x}(x, z)$ 表示生产 X 的成本，它由 X 的产量和生产过程中的污染排放量 z 共同决定。由（3.49）式的一阶条件可得：

$$p = \frac{d\,c^{x}(x_0, z_0)}{dx} \tag{3.50}$$

$$0 = \frac{d\,c^{x}(x_0, z_0)}{dz} = MC_x(x_0, z_0) \tag{3.51}$$

X 企业利润最大化的一阶条件为 X 的价格等于其边际成本，污染的边际成本$MC_x(x_0, z_0)$ 等于污染的价格 0，此时利润最大化的 X 产量为x_0，污染排放量为z_0。

现在考虑整个经济体的共同利益，即考虑 X 企业和 Y 企业的共同利益。X 和 Y 合并后的利润最大化表达式为：

$$\max_{\{x,y,z\}}\left[px + y - c^{x}(x, z) - c^{y}(y, z)\right] \tag{3.52}$$

同样，由（3.52）式的一阶条件可得：

---

① 本部分主要参考范里安（2011）。区别在于本文引入农业绿色补贴政策使污染的外部性内在化。

$$p=\frac{d\,c^{x}\ (x_1,\ z_1)}{dx} \tag{3.53}$$

$$1=\frac{d\,c^{y}\ (y_1,\ z_1)}{dy} \tag{3.54}$$

$$0=\frac{d\,c^{x}\ (x_1,\ z_1)}{dz}+\frac{d\,c^{y}\ (y_1,\ z_1)}{dz} \tag{3.55}$$

由（3.55）式可知，生产 X 企业污染的边际成本和生产 Y 企业污染的边际成本相加为 0。将 X 企业污染的边际成本用MC_x（x_1，z_1）表示，Y 企业污染的边际成本用MC_y（y_1，z_1）表示，可以得到（3.56）式：

$$-MC_x\ (x_1,\ z_1)\ =MC_y\ (y_1,\ z_1) \tag{3.56}$$

其中，x_1、y_1和z_1为企业合并利润最大化时的产量和污染排放量。（3.56）式说明，为了企业共同利润的最大化，应选择负的 X 企业边际成本等于 Y 企业边际成本时的产量和污染排放量。

绿色补贴对于农业生产外部效应内在化的作用可由图 3－4 来说明。因为假设污染排放的价格为 0，所以在一定范围内，污染的增多会使 X 产品的生产成本下降。对于 Y 企业来说，因为污染具有公共危害性，所以污染的增多会使 Y 产品的生产成本增加。X 和 Y 的污染边际成本均递增，初始边际成本曲线如MC_x和MC_y所示。在 X 企业只考虑自身利益，也就是存在污染负外部效应的情况下，X 企业会选择使再新增加一单位污染成本不变

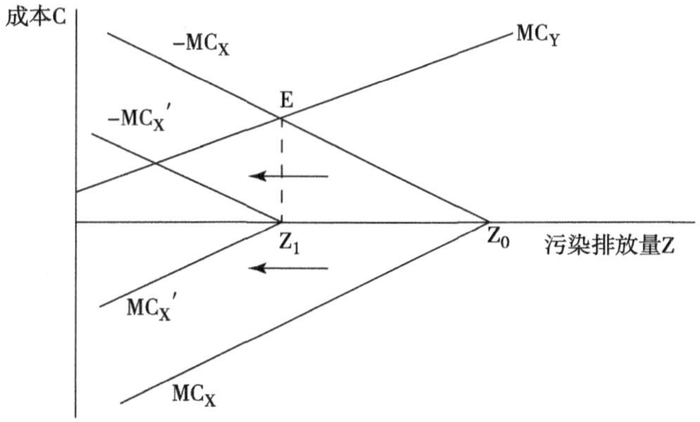

图 3－4　农业绿色补贴对农业污染外部性的调节

资料来源：作者绘制得到。

的污染排放量，也就是使排放更多污染的边际成本等于 0 的污染排放量z_0。但是对于整个社会来说，最优污染排放量应为边际成本曲线 $-MC_x$和MC_y交点 E 对应的污染量z_1。

为使 X 企业选择对社会最优的污染排放量，政府可对其进行绿色补贴，鼓励企业减少污染排放，X 的污染边际成本曲线从MC_x移动到$MC_x{}'$。此时，企业 X 会选择使污染边际成本为 0 的排放量z_1，这与社会最优污染排放量相同。因此，绿色补贴可以帮助企业调节农业生产中负的外部效应，在一定程度上帮助经济体寻求社会效用的最大化。

（二）克服绿色贸易壁垒

部分发达国家可能利用其技术优势对发展中国家的农产品进口设定严格的技术标准，以维护自身利益并削弱发展中国家在农业生产方面的比较优势。在应对这些以市场保护为目的的农业绿色壁垒时，发展中国家可以通过绿色补贴的形式帮助没有能力完善自身生产条件的企业获得先进绿色生产技术，治理生产过程中造成的环境污染，提高农产品质量，在克服贸易壁垒的同时，使本国农业生态环境得到改善。

图 3 –5 表示发展中国家可以如何利用农业绿色补贴克服绿色壁垒的出口限制。假设 A 国为农产品进口国，B 国为出口国。A 国对进口农产品设置环境标准，达到标准的农产品才能获准进口。设 B 国的农产品环境质量曲线如图 3 –5 中 T 所示。在初始阶段，S_0为 A 国的进口农产品环境标准，B 国有数量为N_0的农产品达到 A 国要求，允许进入 A 国市场。如果 A 国基于对产品安全、本国生态环境保护和产业保护等一系列因素的考虑，将农产品环境标准提高到S_1，此时仅有N_1数量的农产品达到 A 国的环境质量要求，B 国出口减少。若 B 国采取农业绿色补贴政策，对环境标准未达到 A 国要求的农产品生产企业进行补贴，改善其环境技术水平，使这些企业的农产品环境质量曲线从 T 上升到 T′，这样又有数量为△N 的农产品达到 A 国的环境质量标准，B 国出口数量又达到N_0。由此可见，农业绿色补贴可以帮助农产品出口企业打开国际市场，克服农业环境质量标准、农业标签等绿色技术壁垒的数量限制。

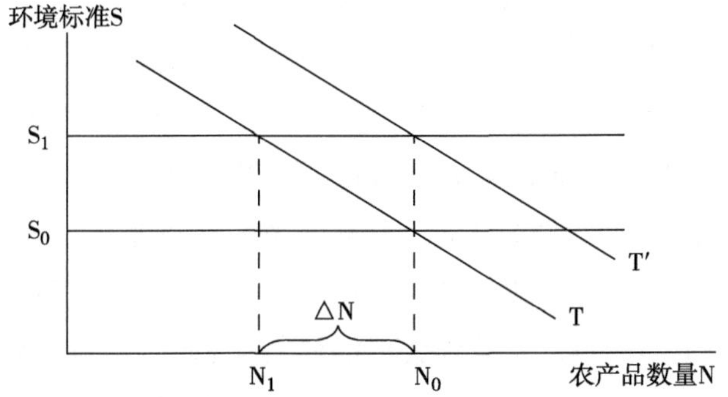

图3－5　农业绿色补贴克服绿色贸易壁垒

资料来源：作者绘制得到。

第四节　本章小结

本章通过开放经济条件下贸易－环境一般均衡模型的构建，考察了农产品贸易对农业环境的作用机理和影响渠道，研究发现：农业污染排放受生产规模、生产结构、农业环境技术水平、农产品贸易壁垒、世界市场价格、消费者人口和真实人均收入水平等因素的影响；农产品贸易开放程度的提高可以通过规模效应、结构效应、技术效应、收入效应和外部效应对农业环境产生影响；以上效应对环境影响的正负性取决于现实生活中的集体和个体行为，以及国家能否结合自身情况采取合理有效的贸易和环境政策。

农业环境政策可根据其灵活程度分为刚性农业环境政策和弹性农业环境政策。其中，刚性农业环境政策又可分为固定农业环境质量标准和固定农业排污权。在采用固定农业环境标准政策的情况下，贸易开放会使对清洁农产品有比较优势的国家生产更多的清洁产品，环境得到改善；对污染密集型农产品有比较优势的国家生产更多的污染密集型产品，加重其环境污染。如果实施固定农业排污权或污染配额的政策，农业排污量不会发生变化，贸易开放对农业环境的影响基本可以忽略不计。如果采用弹性农业环境政策，贸易开放会使污染密集型农产品进口国的农业环境得到改善；而对于污染密集型农产品出口国来说，整体环境的恶化或改善取决于该国农民收入对农业环境污染损失的弹性大小。贸易开放对社会福利的影响取决于国家资源禀赋、农业环境政策和政策强度的不同。在采取较为宽松的固定农业环境标准政策的情况下，贸易开放使污染密集型农产品进口国社会整体福利提高，同时造成污染密集型农产品出口国排污量增加。如果污染造成的损失足够严重，贸易开放可能使污染密集型农产品出口国面临福利损失。如果一国选择最优污染配额、最优污染税等弹性政策或固定农业排污权政策时，贸易开放会使其社会整体福利水平提高。

与农业环境密切相关的绿色贸易壁垒和绿色补贴政策成为国家干预农产品贸易的主要手段。从长期来看，合理的农业绿色壁垒可能产生技术模仿替代效应，会对发展中国家环境技术的发展产生激励作用，刺激发展中国家生产满足发达国家消费者需求的更环保，更安全的绿色农产品。但是，由于世贸组织在规范此类壁垒时，缺乏具体的规定和制裁手段，使得部分发达国家利用其技术优势，以环境保护为名，通过绿色壁垒对发展中国家实施贸易限制。绿色壁垒会给技术水平较低的农产品出口企业带来负面影响，部分自身无力承担技术改革的企业可能面临被市场淘汰的风险。此时，政府可有针对性地对农产品企业进行绿色补贴，帮助其克服进口国环境质量标准限制，提高国际竞争力，扩大国际市场份额。同时，合理利用农业绿色补贴还可以帮助农产品生产者寻求更清洁的生产技术，提高农产品质量和安全性，使补贴设置国的农业环境水平和社会整体福利水平得到改善。

第四章　我国农产品贸易与农业环境的时间序列分析

随着农业现代化建设的不断加快和农村居民生活质量的日益提高，我国农业环境的面源污染问题日益突出。环境库兹涅茨倒 U 型曲线理论认为伴随人均收入的提高，环境质量会出现先下降后上升的趋势。如果这一结论成立，自然也可以运用到影响人均收入的国际贸易领域。一味追求农产品的高产量和出口创汇而不顾环境的健康发展，盲目决策，会造成生态平衡的破坏和资源的枯竭，甚至产生不可逆的风险；与此同时，农业环境也会因资源制约、偏好选择等因素的影响对农产品贸易产生反向作用，生态环境问题的日益严重势必将给农业经济和农民利益带来诸多不利影响。因此，关于农产品贸易与农业环境间作用机制的研究是解决贸易环境问题的基础。

本书第三章从理论上分析了农产品贸易与环境相互关系的决定因素、政策机制和产生效应，本章则从实证检验的角度来探究我国农产品贸易与农业环境的内在关系。研究此问题的关键点是贸易的内生性问题，即贸易本身也可能是由其他因素决定的内生变量。为解决内生变量带来的非一致性估计问题，本章选取基于向量自回归（VAR）模型的时间序列分析方法。VAR 模型由 Sims 在 1980 年提出，主要用来分析系统内联合内生变量的动态关系，主要优点是能克服联立方程组模型可能带来的内外生变量划分复杂，变量间动态关系不明确等问题。

借助实证方法和具体数据，本章的主要研究目的是希望解决以下三个问题：1. 我国的农产品贸易和农业环境在现实中是否存在一个长期均衡关系？这种关系是相互促进还是抑制发展？2. 两者之间是否存在因果关系，或者说是否存在一种带有“预测能力”的传导机制？具体的传导方式如何？3. 通过以上关系研究，能给我们在政策上带来什么启示？

针对上述问题的提出，本章以 VAR 模型为基础，利用 1992 年至 2013 年的时间序列数据分别考察我国农产品进出口贸易、出口贸易和进口贸易与农业环境变量之间的动静态关系。同时，在此基础上引入描述经济增长的变量，通过对经济与环境变动关系的探讨来做补充说明。本书的结构安排如下：首先，使用单位根检验方法，对各时间序列数据进行平稳性检验；然后，对满足一阶单整的样本数据进行 Johansen 协整检验，以此检测农产品贸易与农业环境之间的长期关系；之后，运用格兰杰因果检验方法来检验农产品贸易与农业环境之间的因果关系；最后，使用 VAR 模型常用的两个政策时滞方法——脉冲响应函数方法和方差分解方法分别考察农产品贸易和农业环境一方变动对另一方造成的动态影响以及两者之间在解释对方变动时的贡献程度。

第一节　我国农产品贸易与农业环境的描述性统计分析

一、农产品进出口贸易的数据描述

自我国加入世界贸易组织以来，农产品进出口贸易得到快速增长。农产品贸易总额由 2001 年的 277. 8 亿美元增加到 2014 年的 1922. 7 亿美元，同比增长 15. 7%，增长 6. 9 倍。其中，出口额由 159. 7 亿美元增长到 713. 1 亿美元，同比增长 11. 7%，增长 4. 5 倍；进口额由 118. 1 亿美元增长到 1209. 6 亿美元，同比增长 20. 0%，增长 10. 2 倍。

由表 4 - 1 和图 4 - 1 可以看出，我国的农产品贸易规模稳步增长，持续攀升。除因经济危机影响，在 1998 年前后和 2009 年有所回落外，基本保持稳定的增长势头，尤其是 2001 年加入 WTO 后，增速大幅提高。其中 1992 年至 2014 年，农产品进口的年均增长速度为 18. 43%，出口的年均增长速度为 9. 12%，进口的年均增长速度远大于出口。自 2004 年起，我国农产品进出口开始出现贸易逆差，从农产品净出口国变为农产品净进口国。从2004年到2014年，连续11年保持农产品贸易逆差不变，且逆差额逐年扩大。

表4-1　1992—2014年我国农产品进出口金额和增长速度

年份	总产值（亿元）	出口（亿美元）	增速（%）	进口（亿美元）	增速（%）	净出口（亿美元）	增速（%）	贸易依存度
1992	9084.7	113.074	—	52.975	—	60.100	—	0.101
1993	10995.5	114.341	1.120	39.509	-25.420	74.832	24.513	0.081
1994	15750.49	142.881	24.961	71.508	80.995	71.373	-4.623	0.117
1995	20340.9	143.605	0.506	121.506	69.918	22.099	-69.037	0.109
1996	22353.7	142.475	-0.787	108.222	-10.932	34.253	54.998	0.093
1997	23788.4	149.603	5.003	99.562	-8.002	50.041	46.093	0.087
1998	24541.86	138.438	-7.463	83.301	-16.333	55.137	10.184	0.075
1999	24519.06	135.375	-2.212	82.103	-1.438	53.273	-3.382	0.073
2000	24915.8	156.188	15.374	112.314	36.797	43.874	-17.642	0.089
2001	26179.6	159.728	2.266	118.101	5.1526	41.627	-5.122	0.088
2002	27390.75	180.208	12.822	124.164	5.134	56.044	34.633	0.092
2003	29691.8	212.367	17.846	188.867	52.111	23.500	-58.069	0.112
2004	36238.99	230.839	8.698	279.707	48.097	-48.868	-307.952	0.117
2005	39450.89	271.816	17.752	286.420	2.400	-14.604	-70.116	0.116
2006	40810.83	310.269	14.147	319.810	11.658	-9.541	-34.666	0.123
2007	48892.96	365.972	17.953	409.765	28.127	-43.792	358.986	0.121
2008	58002.15	401.859	9.806	583.188	42.323	-181.329	314.064	0.118
2009	60361.01	391.692	-2.530	521.718	-10.540	-130.026	-28.293	0.103
2010	60319.76	488.580	24.736	719.211	37.854	-230.631	77.373	0.136
2011	81303.92	600.932	22.996	937.927	30.411	-336.995	46.119	0.122
2012	89453.05	625.613	4.107	1114.888	18.867	-489.275	45.188	0.123
2013	96995.27	670.567	7.186	1180.097	5.849	-509.528	4.1393	0.118
2014	102226.1	713.057	6.336	1209.639	2.503	-496.582	-2.541	0.116

资料来源：作者根据国家统计局网站和UN Comtrade数据库历年数据整理计算得到。

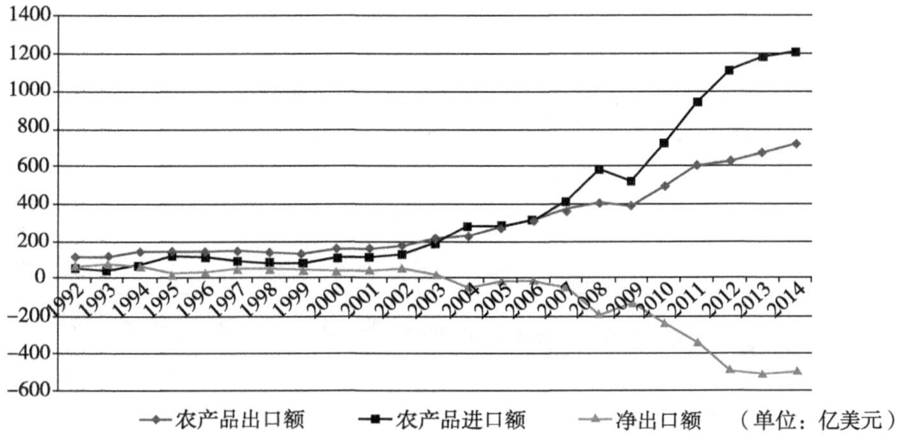

图 4－1　1992—2014 年我国农产品出口额、进口额和净出口额

资料来源：作者根据 UN Comtrade 数据库历年数据计算绘制得到。

我国农产品贸易伙伴遍布全球五大洲，但是主要出口市场和进口来源地相对集中。农产品主要出口国家为日本，占我国农产品出口总额的 1/5 左右，其他主要出口国家和地区为东盟、欧盟、美国和香港等。农产品主要的进口国家和地区为美国、巴西、东盟、欧盟和澳大利亚，其中美国和巴西的农产品进口额占进口总额的四成左右。农产品进出口的贸易方式以一般贸易为主，进料加工和来料加工贸易为辅。在贸易结构方面，粮食、食用油籽、棉花和食糖等资本密集型农产品出口明显下降，进口大幅增长；而蔬菜、水果和水产品等劳动密集型农产品出口优势明显，贸易顺差额持续加大（孔祥智和丁玉，2013）。

二、农业环境指标的数据描述

我国农业生产的扩张和农产品贸易的开放，加剧了资源的消耗和农业污染的排放。图 4－2 和 4－3 为 1992 年至 2013 年我国农用化肥、农药和农膜使用情况。过量使用的化肥、农药和农膜残留是造成农业面源污染的主要来源。农用化肥主要为氮肥、磷肥、钾肥和复合肥，由图 4－2 可以看出，我国主要化肥施用量均出现逐年递增的趋势。其中，氮肥使用量最

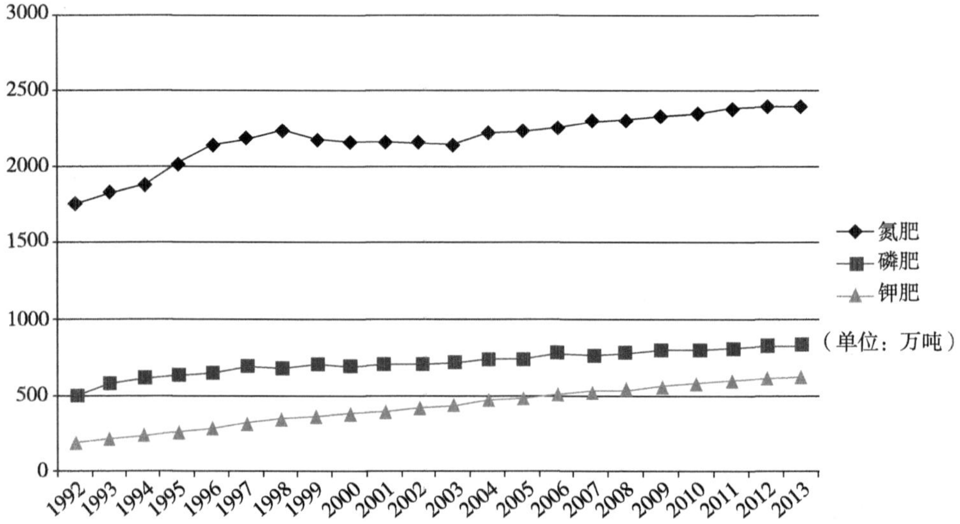

图 4 –2　1992—2013 年我国农用化肥施用折纯量

数据来源：作者根据国家统计局网站数据绘制得到。

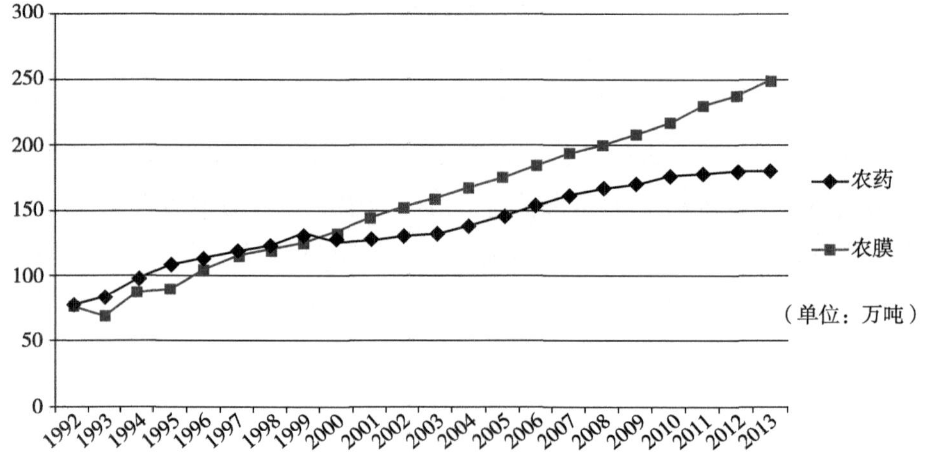

图 4 –3　1992—2013 年我国农药和农用薄膜使用量

数据来源：作者根据国家统计局网站数据绘制得到。

多，由 1992 年的 1756. 1 万吨上升到 2013 年的 2394. 24 万吨，增加了 638. 14 万吨。由图 4 –3 所示，我国农药使用量和农业塑料薄膜使用量也逐年攀升，农药使用量由 1992 年的 76. 53 万吨增至 2013 年的 180. 2 万吨，提高了2.25倍；农用塑料薄膜使用量由1992年的78.1万吨提高到2013年的249.3万吨，增加3.19倍。此外，化肥、农药和农膜的单位面积使用量也持续提高，可见尽管我国主要出口的蔬菜、水果、花卉等劳动密集型农产品相对于粮食、棉花等资本密集型农产品所需农用化学品投入较少，但是农产品贸易结构的改变并没有在现实中提高农业化学投入的使用效率。

随着农业面源污染问题的日益凸显和社会环保意识的提高，农业污染的治理工作得以强化。由图4-4所示，除造林面积外，其他农业环境指标均呈现出良好的发展势头。其中，水土流失治理面积由1992年的5860.0万公顷上升到2013年的10689.2万公顷，除涝面积由1977.1万公顷上升到2194.3公顷。造林面积在2003年达到最高值9118.9千公顷后，迅速下降至2006年的2717.9千公顷，之后呈现上升状态并在2009年后趋于平稳。因为农业环境治理工作的积极开展，部分农业环境质量指标也得以改善，农业受灾面积逐年减少，由1992年的5133.3万公顷降至3135.0万公顷，水库容量由4688亿立方米升至8298亿立方米。

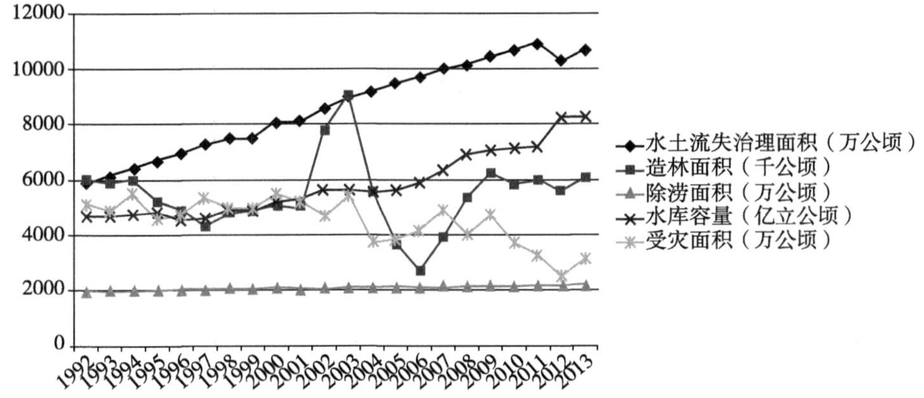

图4-4　1992—2013年我国主要农业环境指标

数据来源：作者根据国家统计局网站数据绘制得到。

第二节　我国农产品贸易与农业环境双向作用机制的实证检验

一、变量选取和数据来源

农业环境水平可由农业环境污染、农业环境治理和农业环境质量三方面来综合衡量，其中农业污染指标的定义和测算是研究农业环境问题的难点之一。现有相关文献多采用以下四种方法来估算农业污染：一是直接采用化肥、农药等农业化学品使用量；二是使用《第一次全国污染源普查公报》中2007年化学需氧量（COD）、总氮（TN）和总磷（TP）的排放量来推算历年的排放量；三是运用Truog的养分平衡法理论，测算过剩氮总量；四是单元调查法。本书第二章文献综述部分已对上述方法的合理性和局限性进行了分析总结。

综合考量各方法的优缺点以及实际数据的客观性和可获得性，本书采取化肥、农药等农业化学品的单位面积使用量来作为主要的环境污染数据，即农业化学品使用量与种植面积的比值，主要基于以下两点原因：一是农业化学品的单位面积使用量可以较好地衡量农业污染强度。高投入、低效率和高残留是我国现阶段农业化学品使用存在的主要问题。以化肥施用为例，国际上公认的单位面积施用安全上限是225千克/公顷，而我国的这一数据在2013年高达359.1千克/公顷，约为安全上限的1.6倍。我国化肥利用率近年来有所提高，但也仅在30%左右，远低于发达国家50%至70%的平均水平，未被利用的化肥成为主要的农业污染源，对土壤和水土造成损害。二是使用单位面积施用量作为变量，统计数据较为客观真实，计算方法简单易行，不会出现主观上的偏差。

因此，本章使用农用化肥单位面积施用折纯量、农药单位面积使用量、农用塑料薄膜单位面积使用量、秸秆单位面积产量和单位畜禽粪便排放量来衡量环境污染；水土流失治理面积和治涝面积来衡量环境治理效果；受灾面积和水库容量来衡量环境质量。其中，农用化肥单位面积施用折纯量、农药单位面积使用量、农用塑料薄膜单位面积使用量、秸秆单位面积产量和单位畜禽粪便排放量①由以下公式计算而得：

农用化肥单位面积施用折纯量 = 农用化肥施用折纯量/农作物总播种面积

农药单位面积使用量 = 农药使用量/农作物总播种面积

农用塑料薄膜单位面积使用量 = 农用塑料薄膜使用量/农作物总播种面积

秸秆单位面积产量 = 秸秆量/农作物总播种面积

单位禽畜粪便排放量 = 畜禽粪便排放量/剔除价格指数的牧业总值

估算秸秆产量时，选取稻谷、小麦和玉米三种我国最主要的农作物，并根据其草谷比计算出相应的秸秆量。草谷比为农作物秸秆的产量与作物产量的比值。根据张福春、朱志辉（1990）的《中国作物的收获指数》，稻谷、小麦和玉米的草谷比分别为 1.323、1.718 和 1.269。具体计算公式为：

秸秆产量 = 稻谷产量 × 稻谷草谷比 + 小麦产量 × 小麦草谷比 + 玉米产量 × 玉米草谷比

禽畜粪便排放量选取猪、牛、羊和家禽四类我国主要饲养牲畜的粪便排放量，计为四者年粪便排放量之和。根据学者对我国禽畜的相关研究可得，牛和羊的生长周期长于一年，一般当年不出栏，使用当年的期末数量，年饲养天数计为 365 天。猪的生长周期为 199 天，鸭、鹅的生长周期为 210 天，不足一年，使用当年的出栏数，年饲养天数为其生长周期。猪、牛、羊和家禽的日排泄量忽略其具体品种的不同，参考相关学者研究分别计为 5.3kg/天，30kg/天，2.6kg/天和 0.12kg/天（李鹏等，2009）。具体计算公式为：

禽畜粪便排放量 = 禽畜数量 × 年饲养天数 × 日排泄量

① 农用化肥单位面积施用折纯量、农药单位面积使用量、农用塑料薄膜单位面积使用量、秸秆单位面积产量和单位畜禽粪便排放量的具体计算数值结果参见附表 1。

农用化肥施用折纯量、农药使用量、农用薄膜使用量、农作物总播种面积、猪出栏量、牛期末数量、羊年底只数、家禽出栏量、牧业总产值、稻谷产量、小麦产量、玉米产量、水土流失治理面积、治涝面积、受灾面积和水库容量的相关数据均来自国家统计局网站的年度数据。

农产品贸易方面选择农产品贸易依存度、农产品出口贸易依存度和农产品进口贸易依存度来表示农产品整体贸易情况、出口情况和进口情况。计算公式分别如下：

农产品贸易依存度 =（农产品出口额 + 农产品进口额）/农林牧渔业总产值

农产品出口贸易依存度 = 农产品出口额/农林牧渔业总产值

农产品进口贸易依存度 = 农产品进口额/农林牧渔业总产值

农产品进出口数据由 UN Comtrade 数据库上的历年数据加总整理而得。依据 WTO《农业协定》中农产品的定义，统计范围包含：HS 税则第一章至第二十四章除去鱼及鱼产品，以及 HS 编码 290543（甘露糖醇）、290544（山梨醇）、3301（精油）、3501 - 3505（蛋白类物质、淀粉、胶）、380910（整理剂）、382306（290544 以外的山梨醇）、4101 - 4103（生皮）、4301（生毛皮）、5001 - 5003（生丝和废丝）、5101 - 5103（羊毛和动物毛）、5201 - 5203（原棉、废棉和已梳棉）、5301（生亚麻）、5302（生大麻）（程国强，1999）。由于本书的农业指标包括渔业，在统计过程中并未剔除鱼和鱼产品。农林牧渔业总产值和历年美元汇率来自国家统计局网站的年度数据。

实际纯收入数据相对于人均 GDP 数据更能反映人民生活水平的提高和对环境的需求，所以经济增长情况采用消除通胀影响的农村居民实际人均纯收入来度量，即农村居民实际纯收入剔除以 1992 年为基期的农村居民消费价格指数。农村居民实际纯收入数据来自《中国农村统计年鉴 2014》。以 1992 年为基期的农村居民消费价格指数根据国家统计局网站上的数据计算而得。以上数据的选取范围均为 1992 年至 2013 年的全国数据。

表 4-2 变量明细表

类别	名称	符号	单位
贸易变量	贸易依存度	trade	—
	出口贸易依存度	export	—
	进口贸易依存度	import	—
	农村居民实际人均纯收入	income	元
环境变量	农用化肥单位面积施用折纯量	fertilizer	万吨/千公顷
	农药单位面积使用量	pesticide	万吨/千公顷
	农用塑料薄膜单位面积使用量	agri-film	吨/千公顷
	秸秆单位面积产量	straw	万吨/千公顷
	单位禽畜粪便排放量	wastes	万吨/亿元
	水土流失治理面积	swloss-control	千公顷
	治涝面积	wl-control	千公顷
	受灾面积	disaster	千公顷
	水库容量	reservoir	亿立方米

二、基于 VAR 模型的时间序列检验

（一）农产品贸易与农业环境变量的单位根检验

为避免变量出现伪回归或伪相关，首先要对变量进行单位根检验。Phillips-Perron 检验（PP 检验）使用异方差自相关稳健的标准差对 DF 统计量进行修正，在某种意义上相当于异方差稳健的 ADF 检验。对各变量进行 PP 检验，得到结果如下：

表 4-3 单位根检验结果

变量	PP 检验统计量	P 值	是否存在单位根
trade	-1.902	0.325	是
△trade	-6.329	0.000	否
export	-2.506	0.128	是
△export	-7.629	0.000	否

续 表

变量	PP 检验统计量	P 值	是否存在单位根
import	-0.820	0.792	是
△import	-5.912	0.0001 -	否
income	7.893	1.000	是
△income	0.099	0.957	是
$\triangle^2$income	-3.405	0.024	否
fertilizer	-2.052	0.264	是
△fertilizer	-3.193	0.036	否
pesticide	-1.867	0.340	是
△pesticide	-2.941	0.058	在 10% 的水平上否
agri - film	-0.536	0.865	是
△agri - film	-8.832	0.000	否
straw	-0.559	0.860	是
△straw	-3.880	0.009	否
wastes	-1.516	0.506	是
△wastes	-2.235	0.201	是
$\triangle^2$wastes	-5.658	0.000	否
swloss - control	-1.695	0.419	是
△swloss - control	-5.765	0.000	否
wl - control	-2.024	0.275	是
△wl - control	-4.801	0.001	否
disaster	-1.554	0.488	是
△disaster	-7.813	0.000	否
reservoir	3.474	1.000	是
△reservoir	-3.158	-0.003	否

注：PP 检验为左边单侧检验，原序列 5% 临界值为 -3.012，10% 临界值为 -2.646；一阶差分后 5% 临界值为 -3.021，10% 的临界值为 -2.650。△表示一阶差分算子，$\triangle^2$ 表示二阶差分算子。

由以上 PP 检验结果，并综合考虑各变量的 ADF 单位根检验、DF - GLS 单位根检验和 KPSS 单位根检验结果，可以判定在贸易变量中，农产品贸易依存度、出口依存度和进口依存度满足一阶单整的过程；在环境变量中，化肥单位面积施用折纯量、农药单位面积使用量、农膜单位面积使用量、秸秆单位面积产量、水土流失治理面积、造林面积、受灾面积和水库容量满足一阶单整过程。以上变量均为I（1）序列，可以通过协整检验来进行协整分析。

农村居民实际人均纯收入和单位畜禽粪便排放量要经过二阶差分才能平稳，为I（2）序列，不满足协整的条件。下文在协整分析时，将单位禽畜粪便量排除在外；对农村居民实际人均纯收入进行一阶差分，可得△income满足I（1）过程，进而对△income与环境变量进行协整分析，即分析农村居民实际人均纯收入增量与环境之间的关系。

（二）农产品贸易与农业环境的Johansen协整关系检验

Johansen检验方法是对有约束的VAR模型进行检验，所以需利用信息准则确定各变量的VAR滞后阶数p，从而得到协整检验的最优滞后阶数p-1。然后，将各农业环境变量分别与农产品贸易依存度、出口依存度、进口依存度、农村居民实际人均纯收入增量进行Johansen协整关系检验，通过计算迹统计量（λ_{trace}）和最大特征值统计量（λ_{max}），判定各协整关系如表4-4至4-7所示：

表4-4 各环境变量与贸易依存度的Johansen协整检验结果

环境变量	假设协整个数	滞后阶数	λ_{trace}	5%临界值	λ_{max}	5%临界值	协整关系
fertilizer	0	1	29.965	15.41	28.199	14.07	正
	1		1.766	3.76	1.766	3.76	
pesticide	0	1	16.207	15.41	14.709	14.07	正
	1		1.498	3.76	1.498	3.76	
agrifilm	0	1	38.508	20.26	30.161	15.89	正
	1		8.347	9.16	8.347	9.16	
straw	0	2	22.710	15.41	21.129	14.07	正
	1		1.581	3.76	1.581	3.76	

续 表

环境变量	假设协整个数	滞后阶数	λ_{trace}	5%临界值	λ_{max}	5%临界值	协整关系
swloss – control	0	2	23.656	20.26	19.783	15.89	负
	1		3.873	9.16	3.873	9.16	
wl – control	0	1	31.467	20.26	24.485	15.89	负
	1		6.981	9.16	6.981	9.16	
disaster	0	1	17.172	15.41	15.190	14.07	负
	1		1.982	3.76	1.982	3.76	
reservoir	0	1	9.499	15.41	7.437	14.07	无
	1		2.062	3.76	2.062	3.76	

表4－5　各环境变量与出口依存度的 Johansen 协整检验结果

环境变量	假设协整个数	滞后阶数	λ_{trace}	5%临界值	λ_{max}	5%临界值	协整关系
fertilizer	0	1	31.152	15.41	28.658	14.07	负
	1		2.494	3.76	2.494	3.76	
pesticide	0	1	24.902	15.41	22.694	14.07	负
	1		2.209	3.76	2.209	3.76	
agrifilm	0	1	40.228	20.26	32.079	15.89	负
	1		8.148	9.16	8.148	9.16	
straw	0	2	8.926	15.41	7.695	14.07	无
	1		1.231	3.76	1.231	3.76	
swloss – control	0	2	25.292	20.26	20.686	15.89	正
	1		4.606	9.16	4.606	9.16	
wl – control	0	1	17.838	15.41	15.393	14.07	负
	1		2.445	3.76	2.445	3.76	
disaster	0	3	19.451	15.41	19.419	14.07	正
	1		0.032	3.76	0.032	3.76	
reservoir	0	1	11.216	15.41	9.278	14.07	无
	1		1.988	3.76	1.988	3.76	

表 4－6　各环境变量与进口依存度的 Johansen 协整检验结果

环境变量	假设协整个数	滞后阶数	λ_{trace}	5% 临界值	λ_{max}	5% 临界值	协整关系
fertilizer	0	1	25. 072	15. 41	23. 135	14. 07	正
	1		1. 937	3. 76	1. 937	3. 76	
pesticide	0	1	33. 020	20. 26	27. 860	15. 89	正
	1		5. 161	9. 16	5. 161	9. 16	
agrifilm	0	1	35. 864	20. 26	27. 198	15. 89	正
	1		8. 666	9. 16	8. 666	9. 16	
straw	0	4	20. 121	15. 41	19. 633	14. 07	正
	1		0. 487	3. 76	0. 487	3. 76	
swloss－control	0	1	25. 710	20. 26	16. 966	15. 89	负
	1		8. 744	9. 16	8. 744	9. 16	
wl－control	0	1	31. 153	20. 26	25. 255	15. 89	正
	1		5. 899	9. 16	5. 899	9. 16	
disaster	0	1	18. 587	15. 41	17. 238	14. 07	负
	1		1. 349	3. 76	1. 349	3. 76	
reservoir	0	2	15. 266	15. 41	11. 160	14. 07	无
	1		4. 106	3. 76	4. 106	3. 76	

表 4－7　各环境变量与农村居民实际人均纯收入增量的 Johansen 协整检验结果

环境变量	假设协整个数	滞后阶数	λ_{trace}	5% 临界值	λ_{max}	5% 临界值	协整关系
fertilizer	0	4	44. 900	15. 41	28. 703	14. 07	无
	1		16. 197	3. 76	16. 197	3. 76	
pesticide	0	1	25. 105	20. 26	22. 141	1. 89	正
	1		2. 964	9. 16	2. 964	9. 16	
agrifilm	0	4	48. 050	15. 41	27. 458	14. 07	无
	1		20. 592	3. 76	20. 592	3. 76	
straw	0	4	25. 440	15. 41	22. 168	14. 07	正
	1		3. 272	3. 76	3. 272	3. 76	
swloss－control	0	2	27. 999	20. 26	23. 509	15. 89	正
	1		4. 490	9. 16	4. 490	9. 16	

续 表

环境变量	假设协整个数	滞后阶数	λ_{trace}	5% 临界值	λ_{max}	5% 临界值	协整关系
wl - control	0	4	36.649	15.41	33.722	14.07	正
	1		2.927	3.76	2.927	3.76	
disaster	0	1	17.425	15.41	17.414	14.07	负
	1		0.010	3.76	0.010	3.76	
reservoir	0	2	17.849	15.41	12.243	14.07	无
	1		5.606	3.76	5.606	3.76	

协整可以衡量经济变量之间的长期均衡关系，通过上述协整检验结果发现，在过程为一阶单整的 8 个农业环境变量中，除水库容量外，其余 7 个变量均与农产品贸易依存度存在稳定的协整关系。因此，从对实际数据的检验结果来看，我国农产品贸易与农业环境确实存在长期稳定的均衡关系。这一结论与贸易环境理论预期及其他国家的实际经验相符。

在 7 个与农产品贸易存在协整关系的农业环境变量中，化肥单位面积施用折纯量、农药单位面积使用量、农膜单位面积使用量和秸秆单位面积产量与农产品贸易依存度存在正的协整关系；水土流失治理面积、治涝面积和受灾面积与农产品贸易依存度存在负的协整关系。

下面进一步分析农产品贸易中的出口贸易与进口贸易在此问题中担任了怎样的角色。从各农业环境变量与农产品出口依存度的协整检验结果来看：出口依存度与除秸秆单位产量和水库容量外的 6 个环境变量存在协整关系；其中，与化肥单位面积施用折纯量、农药单位面积使用量、农膜单位面积使用量和治涝面积存在负的协整关系；与水土流失治理面积和受灾面积存在正的协整关系。从各农业环境变量与农产品进口依存度的协整检验结果来看：进口依存度与除水库容量外的 7 个环境变量存在协整关系；其中，与化肥单位面积施用折纯量、农药单位面积使用量、农膜单位面积使用量、秸秆单位面积产量和治涝面积存在正的协整关系；与水土流失治理面积和受灾面积存在负的协整关系。

最后，本小节同时考察了农村居民实际人均纯收入增量与农业环境变量的协整关系。从检验结果来看：农村居民实际人均纯收入与农药单位面积使用量、秸秆单位面积产量、水土流失治理面积、治涝面积和受灾面积等五个变量存在协整关系；其中，与农药单位面积使用量、秸秆单位面积产量、水土流失治理面积和治涝面积之间存在正的协整关系；与受灾面积存在负的协整关系。

由以上结果可以看出：除受灾面积外，我国农产品贸易与样本范围内的农业污染变量增多存在正向关系，而与环境质量变量的提升存在负向关系。农民实际人均纯收入增量与农业污染变量的增多存在正向关系，与环境质量变量的提升也存在正向关系。农业污染物数量与农业产量相关，"重量不重质"的非科学经济增长方式会加剧污染物的排放和生态环境的破坏。但同时通过实证结果也可以看到，随着农民收入的提高，相关环境治理工作进展较快，部分环境质量指标得到改善，如水土流失治理和治涝面积的增大以及受灾面积的减少。

农产品出口贸易依存度与多数农业污染变量的增多存在负向关系，农产品进口贸易依存度与多数农业污染变量的增多存在正向关系。这个结果可以从以下两方面来解释：一是从我国农产品贸易结构和农产品国际市场价格来看，我国在棉花和小麦、玉米、水稻等粮食作物生产上不具备比较优势，而在水果、蔬菜和花卉等农产品的生产上具有比较优势。在农业生产中，果蔬相较于粮食作物属于"清洁产品"。由南北贸易模型理论可得，贸易开放程度的提高会使得"清洁产品"出口国的污染物排放降低，环境得到改善。二是协整关系讨论的是两者之间的长期均衡关系，农业污染物的增长若不加控制而超过当地环境承载力，在长期可能影响农业产量，使得出口减少而进口增多。

（三）农产品贸易与农业环境的格兰杰因果关系检验

为更好地探究农产品贸易变量和农业环境变量间的动态影响机制，下面采用格兰杰因果检验方法对两者关系进行进一步研究。根据单位根检验结果显示，本章所选变量均为非平稳变量，直接使用格兰杰检验容易出现伪回归现象，得出错误的因果关系。Lutkepohl 和 Reimers（1992）和 Toda

和 Philips（1991）提出若两非平稳变量存在协整关系，其协整模型中，Wald 统计量具有χ^2分布，仍能用原序列的 VAR 模型进行因果检验（贺红波，2004）。也就是说若两个变量之间存在协整关系，则两变量之间的格兰杰因果检验有效，可以用常规的 Wald 检验来确定是否存在因果关系。基于此思想，对存在协整关系的变量组合进行格兰杰因果关系分析，得到结果如表 4－8 至表 4－11 所示：

表 4－8　贸易依存度与各环境变量的格兰杰因果分析

显著性水平	贸易依存度为因	环境变量为因	互为因果
5%	fertilizer，pesticide，straw，disaster	agrifilm	—
10%	—	wl－control	fertilizer，agrifilm

表 4－9　出口依存度与各环境变量的格兰杰因果分析

显著性水平	出口依存度为因	环境变量为因	互为因果
5%	fertilizer，agrifilm，wl－control	—	pesticide
10%	—	—	fertilizer

表 4－10　进口依存度与各环境变量的格兰杰因果分析

显著性水平	进口依存度为因	环境变量为因	互为因果
5%	disaster	agrifilm，straw，swloss－control	fertilizer
10%	pesticide	wl－control	straw

表 4－11　农村居民实际人均纯收入增量与各环境变量的格兰杰因果分析

显著性水平	收入增量为因	环境变量为因	互为因果
5%	straw，swloss－control，disaster	—	wl－control
10%	—	—	swloss－control

根据所选样本数据得到的格兰杰因果检验结果，可以逐一考察我国农业环境与农产品贸易、出口贸易、进口贸易以及农村居民收入之间的因果关系。通过对农产品贸易与环境变量的因果性分析可以发现：在 5% 的显著性水平上，农产品贸易依存度为化肥单位面积施用折纯量、农药单位面

积使用量、秸秆单位面积产量和受灾面积的因，为农膜单位面积使用量的果；在 10% 的显著性水平上，农产品贸易依存度还为水土流失治理面积的果，同时与化肥单位面积施用折纯量、农膜单位面积使用量互为因果。通过对农产品出口贸易与环境变量的因果性分析可以发现：在 5% 的显著性水平上，出口依存度为化肥单位面积施用折纯量、农膜单位面积使用量和水土流失治理面积的因，同时与农药单位面积使用量互为因果；在 10% 的显著性水平上，出口依存度还与化肥单位面积施用折纯量互为因果。通过对进口贸易与环境变量的因果性分析可以发现：在 5% 的显著性水平上，进口依存度为受灾面积的因，为农膜单位面积使用量、秸秆单位面积产量和水土流失治理面积的果，同时与化肥单位面积施用折纯量互为因果；在 10% 的显著性水平上，进口依存度还为农药单位面积使用量的因，为治涝面积的果，同时与秸秆单位面积产量互为因果。

由格兰杰因果关系的检验方法可以看出，格兰杰因果关系并非真正意义上的因果关系，它表达的是一个变量对一个变量的“预测能力”。根据本小节实证检验结果显示，我国农产品贸易变量为大多数农业环境变量的格兰杰因。此结论符合一般的理论预期，主要有两个原因：一是我国是世界上最大的发展中国家，比较优势带来的国际贸易是我国经济增长的重要源泉。在经济发展的初期，对贸易增长带来的社会财富聚集的渴望远大于对环境的重视，因此不可避免地出现贸易主动而环境被动的局面。二是农业环境的外部性效率偏差制约了环境对贸易的影响程度。在环境贸易的理论模型中，为消除农业面源污染的外部性，往往设计一个价格机制①，将外部费用引入价格中。而在现实生活中，由于农业自身的特殊性，存在生态系统定价难、环境外部性非内在化、产权不明晰等市场失灵的情况。我国仍然欠缺一个包含环境的有效市场机制和价格调节手段，有效市场环境的欠缺阻碍了环境对贸易的反调节作用。

除贸易为因的结果外，有约为 1/3 的检验结果得出农产品贸易与环境互为因果的结论。农业环境为农产品贸易的格兰杰原因的结果，主要体现

---

① 比如污染税或排污权交易的价格。

在环境对进口贸易的影响上面。此结论也与我国实际情况相符，主要可从以下两个方面进行解释：一是随着我国经济建设的快速发展，自然资源呈现枯竭趋势，环境压力激增；二是人民生活水平的日益提高，致使居民对环境质量的需求和大众整体环保意识都不断提高。因此，农业环境对农产品贸易的反作用机制日益凸显，开始出现环境变化对贸易的反向影响。

最后，通过对农村居民实际人均纯收入增量与环境变量的格兰杰因果检验发现：在5%的显著性水平上，收入增量为秸秆单位面积产量、水土流失治理面积和受灾面积的因，为治涝面积的果；在10%的显著性水平上，收入增量还与水土流失治理面积互为因果。农业环境与农民收入增量的格兰杰因果检验可得到与农产品贸易因果检验相似的结论：农民收入增量为大多农业环境变量的格兰杰因；收入增量与部分环境变量之间存在互为因果的关系。也就是说，农民收入变化是影响农业环境变化的重要原因，农业环境变化对农民收入变化的影响也开始凸显。

三、农产品贸易与农业环境的脉冲响应函数

脉冲响应函数是用来考察在VAR系统内对一个内生变量的随机误差项加入一个标准差的冲击后，某一个内生变量当期值和未来值对此冲击的反应。也就是描述一个内生变量的单次冲击对其自身和系统中其他内生变量带来的影响。根据实际经济意义，本书对上述存在格兰杰因果关系的贸易变量和环境变量进行脉冲响应分析。脉冲响应函数是基于VAR模型而来，需对VAR模型进行稳定性检验①，若VAR模型不稳定，则其脉冲响应结果可能无效。通过稳定性检验发现，上述存在格兰杰因果关系的模型中，除农村居民实际人均纯收入增量与秸秆单位面积产量、农村居民实际人均纯收入增量与受灾面积、农村居民实际人均纯收入增量与除涝面积之外，其余VAR系统均为稳定过程，可以进行脉冲响应分析。因为传统的脉冲响应函数结果会严重依赖系统中各个变量的排列顺序，所以本书采用结果不

① AR特征方程特征根倒数的绝对值小于1，落于单位圆内，则VAR模型稳定。

受 VAR 模型变量排序影响的广义脉冲响应函数，计算结果和脉冲响应图分别如表 4 - 12 至表 4 - 18 及图 4 - 5 至图 4 - 11 所示：

表 4 - 12　化肥、农药、农膜与农产品贸易依存度的脉冲响应分析结果

期数	fertilize to trade①	trade to fertilizer	pesticide to trade	trade to pesticide	agrifilm to trade	trade to agrifilm
1	0. 000154	0. 00610	4. 79E - 06	0. 00296	- 0. 109	- 0. 00435
2	0. 000409	0. 00310	1. 54E - 05	0. 00213	0. 0278	- 0. 000920
3	0. 000490	0. 00194	1. 96E - 05	0. 00171	0. 0758	0. 000292
4	0. 000506	0. 00147	2. 09E - 05	0. 00148	0. 0925	0. 000719
5	0. 000498	0. 00127	2. 10E - 05	0. 00134	0. 0979	0. 000866
6	0. 000482	0. 00116	2. 04E - 05	0. 00125	0. 0995	0. 000914
7	0. 000464	0. 00109	1. 96E - 05	0. 00117	0. 0996	0. 000928
8	0. 000445	0. 00104	1. 88E - 05	0. 00111	0. 0993	0. 000928
9	0. 000426	0. 000989	1. 79E - 05	0. 00105	0. 0987	0. 000925
10	0. 000408	0. 000946	1. 70E - 05	0. 000994	0. 0981	0. 000920
累计	0. 00428	0. 0191	1. 75E - 04	0. 0152	0. 680	0. 00122

表 4 - 13　秸秆、治涝面积、受灾面积与农产品贸易依存度的脉冲响应分析结果

期数	straw to trade	trade to straw	wl - control to trade	trade to wl - control	disaster to trade	trade to disaster
1	- 0. 00458	- 0. 00565	- 7. 756	- 0. 00130	- 1144. 380	- 0. 00288
2	0. 00544	- 0. 00563	- 14. 361	0. 000155	- 4148. 750	- 0. 00387
3	0. 0133	- 0. 00404	- 17. 109	0. 000830	- 3518. 880	- 0. 00317
4	0. 0162	- 0. 00363	- 17. 993	0. 00113	- 2783. 670	- 0. 00250
5	0. 0181	- 0. 00242	- 17. 985	0. 00124	- 2187. 090	- 0. 00196
6	0. 0173	- 0. 00178	- 17. 561	0. 00126	- 1717. 160	- 0. 00154
7	0. 0159	- 0. 00096	- 16. 953	0. 00124	- 1348. 110	- 0. 00121
8	0. 0135	- 0. 000450	- 16. 274	0. 00121	- 1058. 370	- 0. 000950

① 此处“fertilize to trade”为“response of fertilize to trade”的简写形式。表示化肥单位面积施用折纯量对农产品贸易依存度的变化的冲击反应。本小节脉冲效应分析结果表中的其他数据说明均以此类推。

续 表

期数	straw to trade	trade to straw	wl - control to trade	trade to wl - control	disaster to trade	trade to disaster
9	0.0109	2.43E - 05	- 15.576	0.00116	- 830.896	- 0.000750
10	0.00815	0.000305	- 14.887	0.00111	- 652.315	- 0.000590
累计	0.114	- 0.0242	- 156.455	0.00803	- 19389.600	- 0.0194

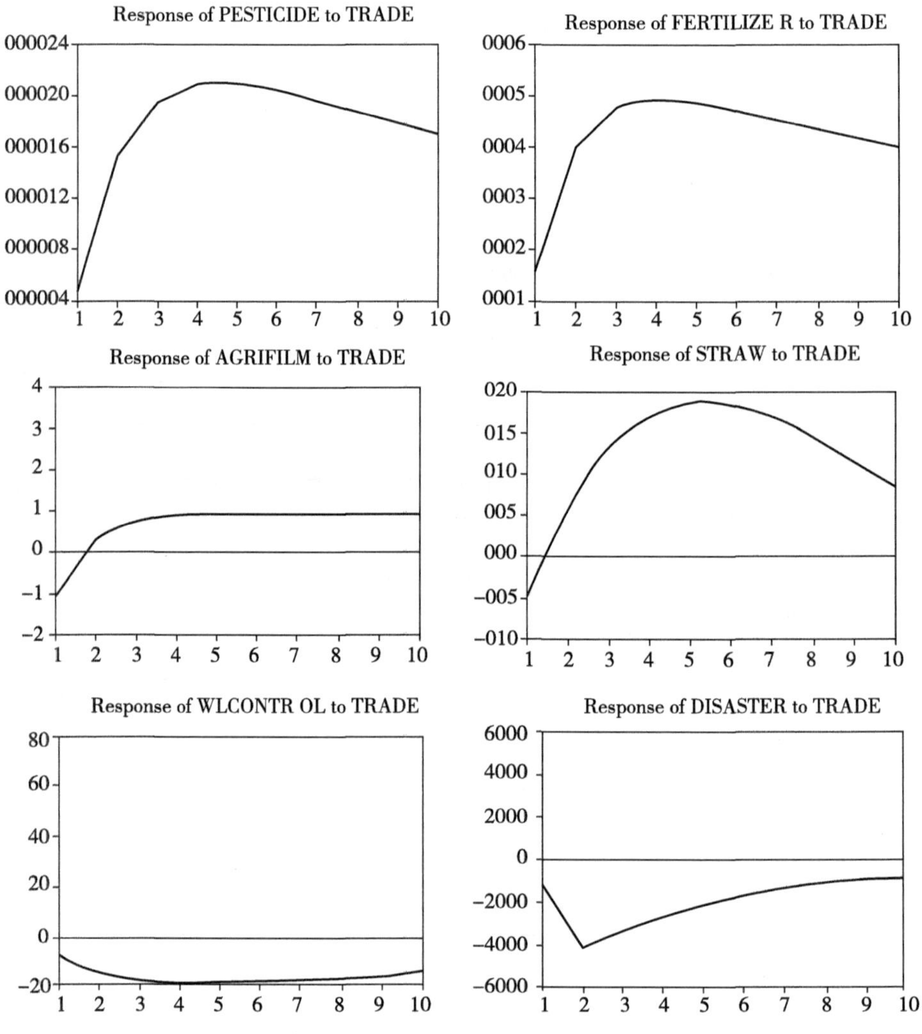

图 4 - 5　农业环境变量对农产品贸易依存度的脉冲响应图

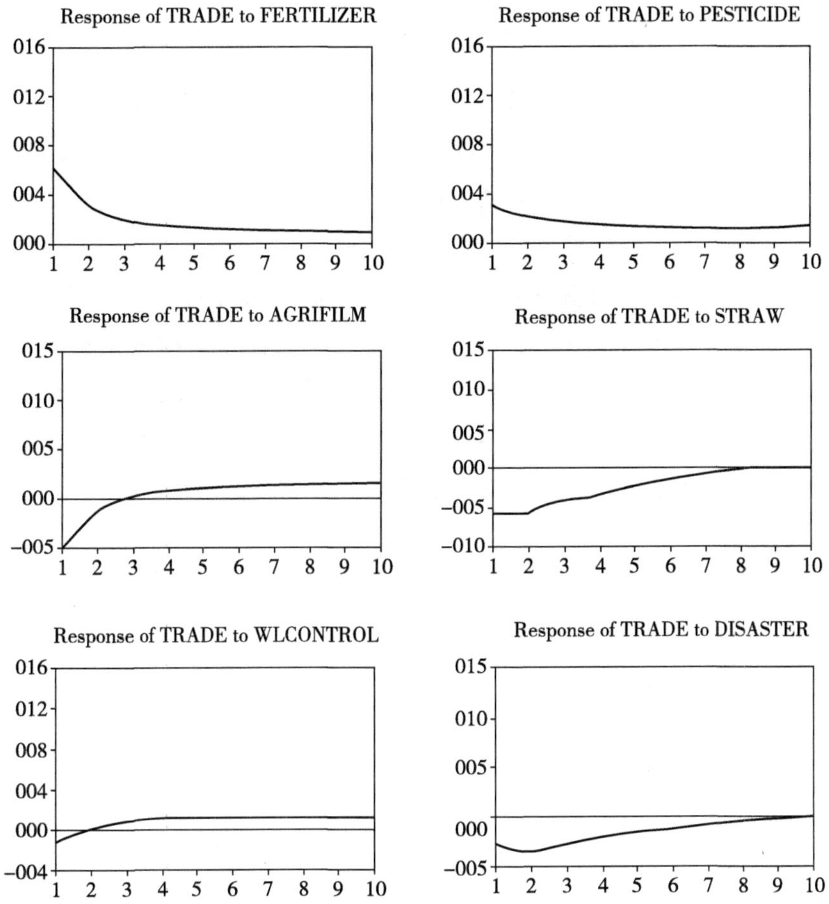

图 4 -6　农产品贸易依存度对农业环境变量的脉冲响应图

由图 4 -5 可知，化肥单位面积施用折纯量和农药单位面积使用量对农产品贸易依存度变化的冲击反应为正值，说明贸易开放程度的提高会增加化肥、农药的单位面积使用量。其轨迹大致呈现出一条先上升再下降的倒 U 型曲线。农膜单位面积使用量和秸秆单位面积产量对贸易依存度变化的冲击反应在初期为负值，之后分别在第 3 期和第 2 期转变为正值，前 10 期的累计脉冲响应值为正。治涝面积和受灾面积对贸易依存度变化的冲击反应为负值：治涝面积的响应曲线较为平缓，后几期数值变化不大；受灾面积的脉冲响应曲线在第 2 期达到最低值，之后迅速向零值靠拢，其轨迹大致呈"V 型"。除受灾面积外，上述环境变量对于贸易变化的冲击反应均显示出贸易依存度提高对农业环境的负面影响。

对比图 4－5 和图 4－6 以及脉冲响应数据可知，农产品贸易对农业环境变化冲击的反应曲线比农业环境对农产品贸易变化冲击的响应曲线更为平缓，说明环境对贸易变动的动态影响小于贸易对环境的影响波动。四个农业污染变量中，农产品贸易依存度对化肥单位面积施用量、农药单位面积使用量和农膜单位面积使用量变化冲击的前 10 期累计值为正值，说明这些污染变量的增多可使农产品贸易开放程度上升；而对秸秆单位面积产量的脉冲响应累计值为负值，说明此污染物的增多会反过来抑制农产品贸易的开放。对治涝面积和受灾面积的累计脉冲响应值分别为正和负，说明治涝面积的提升和受灾面积的下降会促进农产品贸易的开放。

表 4－14　化肥、农药与农产品出口依存度的脉冲响应分析结果

期数	fertilize to export	export to fertilizer	pesticide to export	export to pesticide
1	0. 000113	0. 00232	7. 66E－07	0. 000225
2	0. 000400	0. 000467	1. 36E－05	－0. 000420
3	0. 000478	－0. 000140	1. 62E－05	－0. 000560
4	0. 000487	－0. 000320	1. 62E－05	－0. 000570
5	0. 000473	－0. 000370	1. 55E－05	－0. 000550
6	0. 000453	－0. 000380	1. 46E－05	－0. 000520
7	0. 000431	－0. 000360	1. 38E－05	－0. 000490
8	0. 000410	－0. 000350	1. 30E－05	－0. 000460
9	0. 000390	－0. 000330	1. 23E－05	－0. 000440
10	0. 000370	－0. 000320	1. 16E－05	－0. 000410
累计	0. 00400	0. 000215	1. 28E－04	－0. 004180

表 4－15　农膜、治涝面积与农产品出口依存度的脉冲响应分析结果

期数	agrifilm to export	export to agrifilm	wl－control to export	export to wl－control
1	－0. 179	－0. 00381	－12. 191	－0. 00119

续　表

期数	agrifilm to export	export to agrifilm	wl - control to export	export to wl - control
2	-0.0340	-0.00154	-49.364	-0.000660
3	0.0184	-0.000710	-57.257	-0.000500
4	0.037	-0.000410	-57.292	-0.000440
5	0.0438	-0.000300	-55.289	-0.000410
6	0.0460	-0.000260	-52.830	-0.000380
7	0.0466	-0.000240	-50.339	-0.000370
8	0.0466	-0.000230	-47.928	-0.000350
9	0.0464	-0.000230	-45.621	-0.000330
10	0.0461	-0.000230	-43.422	-0.000310
累计	0.118	-0.00796	-471.534	-0.00493

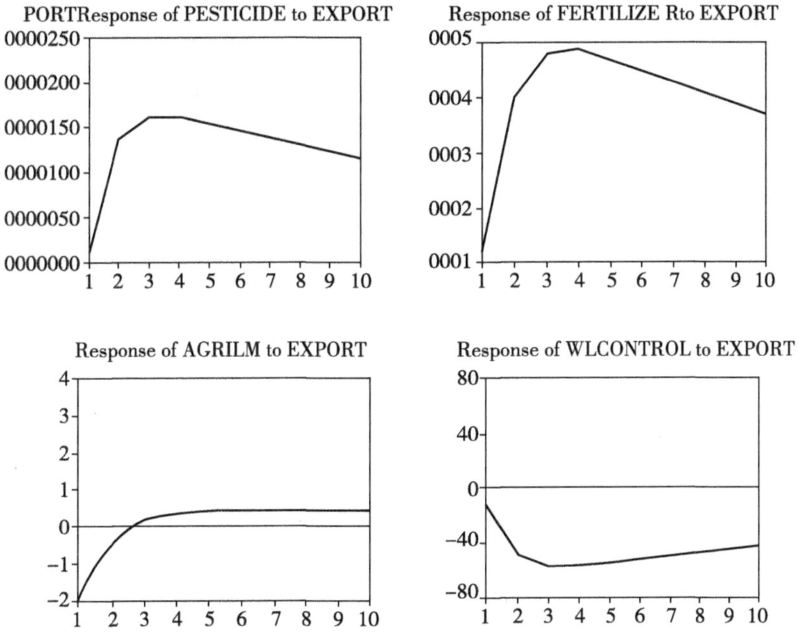

图 4-7　农业环境变量对农产品出口依存度的脉冲响应图

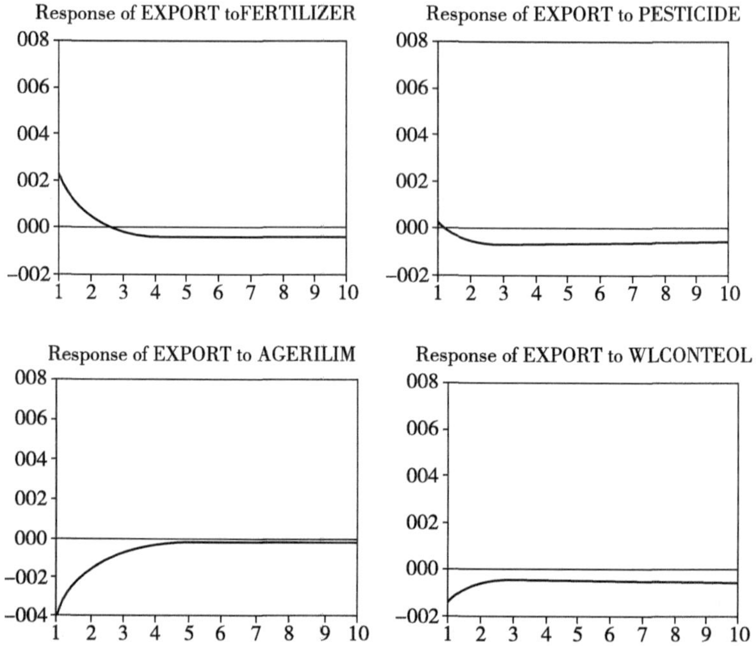

图 4 –8　农产品出口依存度对农业环境变量的脉冲响应图

农用化肥单位面积施用折纯量和农药单位面积使用量对农产品出口依存度变化的脉冲响应曲线近似于倒 U 型，累计脉冲响应量都为正。农膜单位面积使用量对出口依存度变化的冲击反应在初期为负值，在第 3 期转为正值，前 10 期的累计脉冲响应值为正。治涝面积对出口依存度变化的冲击反应为负值。上述环境变量对于农产品出口依存度变化的冲击反应的结果均表明出口依存度增长对环境的负面影响。

农产品出口依存度对化肥单位面积施用量的变化，在 1 期会产生一个正影响，在第三期开始变为负值，虽然前 10 期的累积量仍未正值，但是说明农业污染对出口贸易有滞后的抑制作用，会在未来影响出口贸易开放程度的提高。出口依存度对农药单位面积使用量和农膜单位面积使用量变化冲击的累计值都为负值，说明这些污染的增多会反过来阻碍农产品出口贸易的发展。农膜的反作用在第一期即达到最大值；而农药的反作用较为滞后，在第 4 期达到最大值。出口依存度对治涝面积冲击响应的累计值为负值，表明治涝面积的增多会促进出口贸易的发展。

表 4－16　化肥、农药、农膜与农产品进口依存度的脉冲响应分析结果

期数	fertilize to import	import to fertilizer	pesticide to import	import to pesticide	agrifilm to import	import to agrifilm
1	0.000188	0.00425	8.58E－06	0.00339	－0.0140	－0.000350
2	0.000387	0.00255	1.67E－05	0.00280	0.0908	0.000944
3	0.000439	0.00194	2.02E－05	0.00246	0.125	0.00136
4	0.000443	0.00170	2.15E－05	0.00223	0.135	0.00149
5	0.000432	0.00158	2.16E－05	0.00207	0.138	0.00153
6	0.000417	0.00149	2.11E－05	0.00195	0.138	0.00153
7	0.000401	0.00143	2.05E－05	0.00184	0.137	0.00152
8	0.000385	0.00137	1.96E－05	0.00175	0.136	0.00151
9	0.000369	0.00131	1.88E－05	0.00167	0.135	0.00150
10	0.000354	0.00126	1.80E－05	0.00159	0.134	0.00149
累计	0.003815	0.0189	1.87E－04	0.0217	1.154	0.0125

表 4－17　水土流失治理面积、治涝面积、受灾面积与农产品进口依存度的脉冲响应结果

期数	swloss－control to import	import to swloss－control	wl－control to import	import to wl－control	disaster to import	import to disaster
1	94.747	0.000320	－9.297	－0.00105	－1445.09	－0.00281
2	45.122	0.00171	1.223	0.000219	－3856.90	－0.00158
3	26.455	0.00215	6.749	0.000883	－3469.02	－0.00130
4	19.164	0.00224	9.547	0.00122	－2978.84	－0.00110
5	16.064	0.00221	10.861	0.00137	－2549.25	－0.000950
6	14.521	0.00213	11.370	0.00143	－2181.05	－0.000810
7	13.568	0.00205	11.446	0.00144	－1866.00	－0.000690
8	12.847	0.00196	11.293	0.00142	－1596.45	－0.000590
9	12.229	0.00187	11.0208	0.00138	－1365.84	－0.000510
10	11.664	0.00179	10.691	0.00134	－1168.54	－0.000430
累计	266.382	0.0184	74.904	0.00967	－22477.00	－0.012

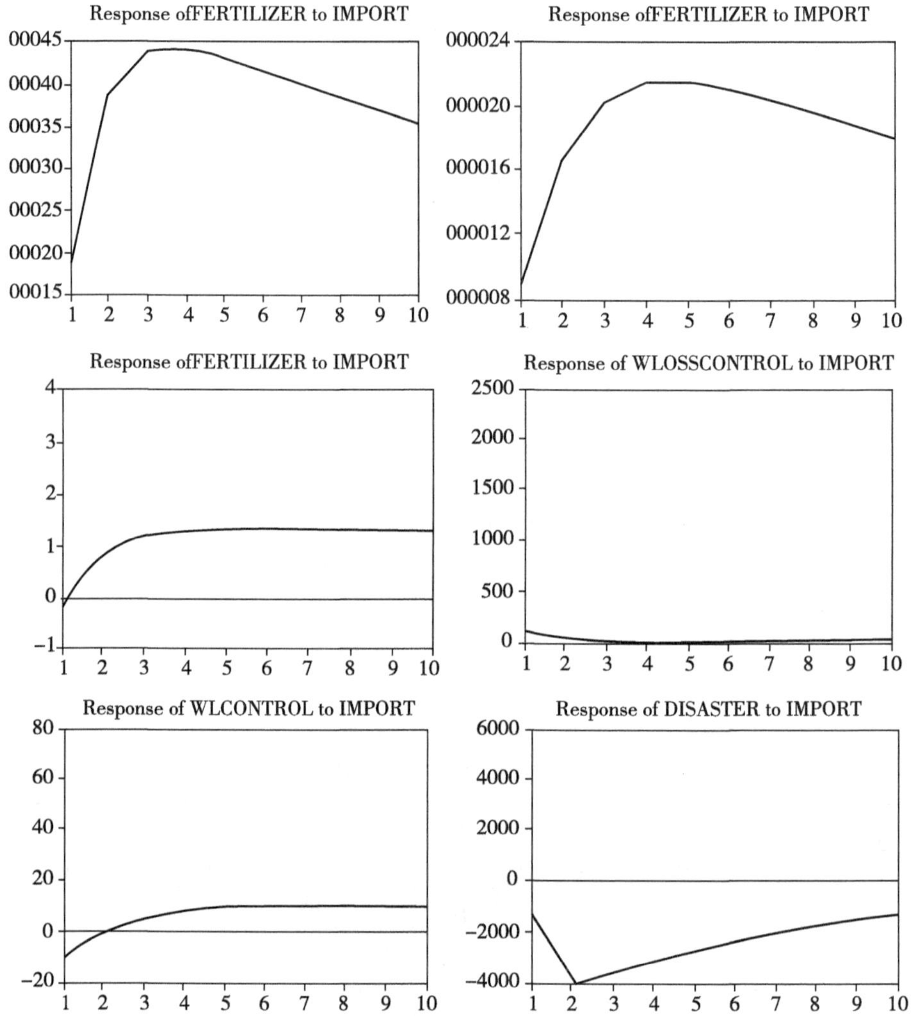

图 4 -9　农业环境变量对农产品进口依存度的脉冲响应图

与环境和贸易的脉冲响应曲线相似，化肥单位面积施用折纯量和农药单位面积使用量对农产品进口依存度的脉冲响应曲线大致为一条先上升再下降的倒 U 型曲线，其冲击反应均为正值。农膜单位面积使用量和治涝面积对进口依存度变化的冲击反应在初期为负值，在第 2 期转变为正值，前 10 期的累计脉冲响应值为正。水土流失治理面积对进口依存度变化的冲击响应值均为正值，响应曲线则较为平缓，从第 4 期开始数值变化不大，说

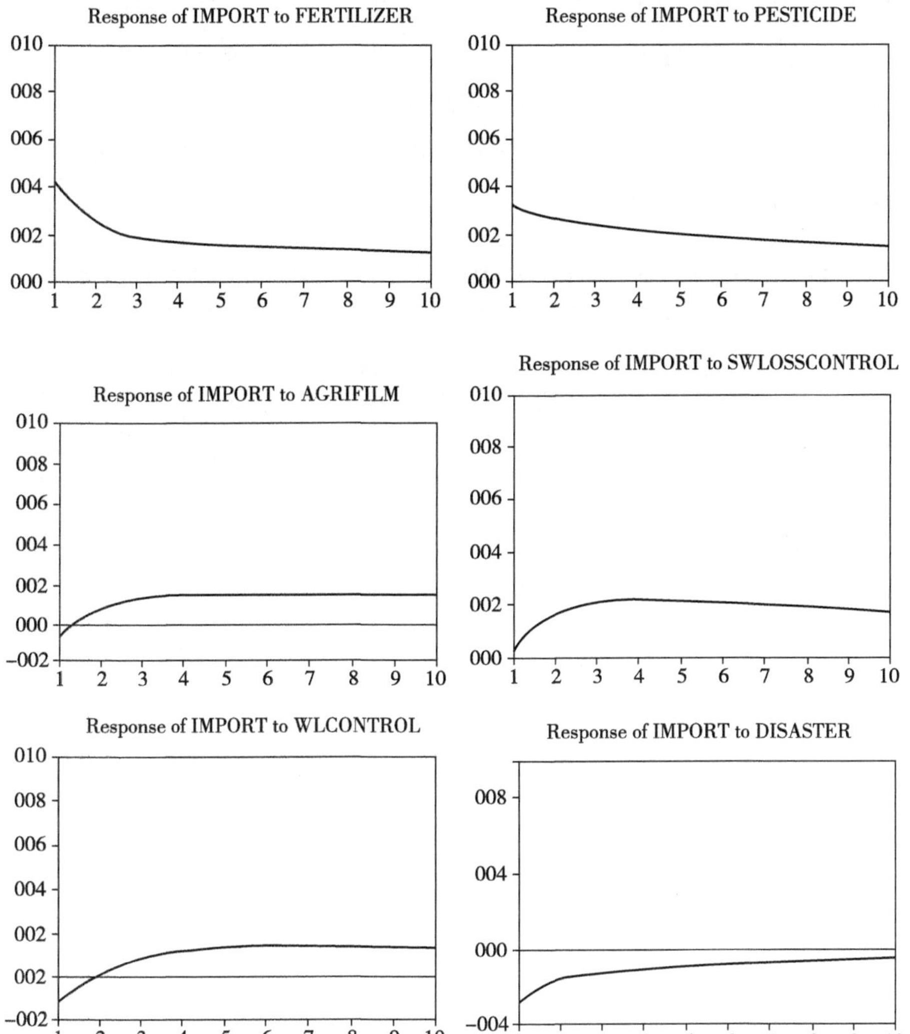

图 4 – 10　农产品进口依存度对农业环境变量的脉冲响应图

明进口贸易开放程度的提高对水土流失治理有正面影响。在前 10 期内，受灾面积对进口依存度的冲击响应值均为负值，其脉冲响应曲线在第 2 期达到最低值，之后迅速向零值靠拢，轨迹大致呈 V 型，说明进口依存度的提高对受灾面积的减少有积极作用。

农产品进口依存度对化肥单位面积施用量、农药单位面积使用量和农膜单位面积使用量变化冲击的前10期累计值为正值，说明这些污染变量的增多可使进口依存度上升；对水土流失治理面积和治涝面积变化冲击的累计脉冲响应值为正，说明水土流失和涝区的治理会促进农产品进口贸易的发展；对受灾面积变化冲击的累计脉冲响应值为负，说明受灾面积的减少对进口贸易产生正面影响。

表4-18　水土流失治理面积与农村居民实际人均纯收入的脉冲响应分析结果

期数	swloss - control to △income	△income to swloss - control
1	54.631	0.782
2	-370.189	9.120
3	-995.049	5.802
4	-1435.880	9.467
5	-1829.550	6.664
6	-2041.040	8.389
7	-2191.320	6.212
8	-2212.970	6.867
9	-2189.130	5.154
10	-2083.970	5.223
累计	-15294.500	63.681

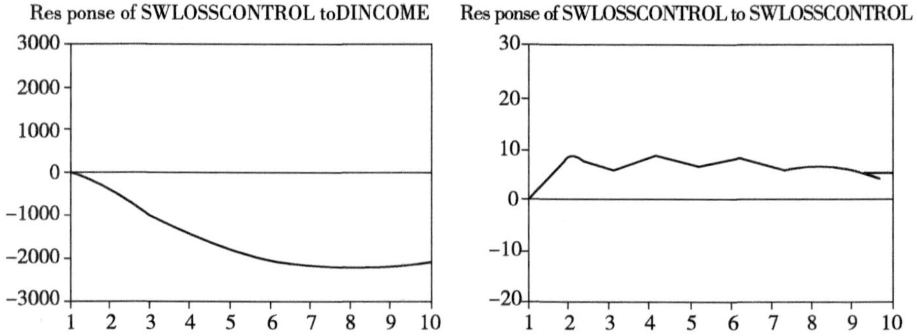

图4-11　水土流失治理面积与农村居民实际人均纯收入的脉冲响应图

水土流失治理面积对农民人均收入增量冲击的响应值在前10期均为负值，且下降速度较快，这说明农民收入增量的提高会对水土流失治理面积产生负影响①。与之相反，农民人均收入增量对水土流失治理面积冲击的响应曲线呈折线形，前 10 期响应值均为正值，说明水土流失治理的改善会提高农民收入增量水平，即农业环境变量的改善对收入水平的提高有正面影响。

综合上述脉冲响应曲线和计算结果，主要可以得出以下结论：

第一，大部分农业环境变量对于农产品贸易依存度变化的冲击响应显示出农产品贸易开放程度的提高对农业环境的负面影响，即贸易开放会加剧环境的污染。农产品贸易对环境变化冲击的反应曲线比农业环境对农产品贸易变化冲击的响应曲线要更为平缓。在贸易对环境变动的脉冲响应中，部分农业环境变量已显示出对农产品贸易的反向作用，比如农业污染物的增多会抑制农产品贸易的发展，而农业环境的改善会促进产品贸易的发展。

第二，农业环境变量对农产品出口贸易依存度变化的冲击反应结果表明，出口依存度的提高会对环境产生负面影响，加剧环境的污染。在农产品出口贸易对农业环境变动的脉冲响应中，大部分农业环境污染已显示出对出口贸易的反向作用，比如农药和农膜单位面积使用量的增多会对农产品出口产生消极影响，而治涝面积的增多会对农产品出口产生积极影响。化肥的增多在初期会刺激出口的发展，但是在后期会反过来使出口依存度降低，表现了农业环境污染对农产品出口抑制作用的滞后性。

第三，农业环境变量对农产品进口贸易依存度的冲击反应结果表明，进口依存度的提高会导致农业环境污染排放量的增加，但是会改善水土流失和涝区的治理，并减少农业受灾面积。农业污染变量的增多会使农产品进口依存度上升；同时，环境的改善，如水土流失和涝区的治理、受灾面积的减少，也会反过来促进进口贸易的发展。在农民收入增量与农业环境的脉冲响应分析中，符合条件的数据较少，只研究了收入增量与水土流失治理面积的相互关系，得到的结论为：农民人均收入增量的提高会对水土

① 2013 年我国农村居民人均纯收入为 8895.9 元，以其他国家经验来看，还未到达环境库兹涅茨曲线拐点的水平。由此可见，虽然近年来我国农村经济和农民生活水平均有大幅提升，但是仍需要平衡好经济与贸易的关系，不能以牺牲生态环境为代价，一味追求经济总量的扩张。

流失治理面积产生负影响，但是水土流失治理的改善会提高农民人均收入增量水平。

四、农产品贸易与农业环境的方差分解结果

除脉冲响应函数之外，还可以使用方差分解方法来研究变量之间的动态特征。方差分解是在脉冲响应函数的基础上，进一步分析各内生变量对预测均方误差所做的贡献比例，也就是将均方误差分解为不同新息冲击造成的影响。它可以用来评价两变量之间相互影响的重要程度。同脉冲响应函数一样，方差分解的结果也依赖于VAR模型中各个变量的排列顺序。根据格兰杰因果检验结果，将格兰杰因的变量排在前面①，得到计算结果如表4－19至表4－25所示：

表4－19　化肥、农药、农膜与农产品贸易依存度的方差分解结果

期数	fertilizer to trade②	trade to fertilizer	pesticide to trade	tradeto pesticide	agrifilm to trade	trade to agrifilm
1	21.176	21.176	4.681	0.000	11.395	11.395
2	54.422	22.196	23.487	0.151	6.713	10.396
3	65.925	22.885	35.549	0.420	6.723	10.171
4	71.096	23.387	42.733	0.737	7.491	10.318
5	73.877	23.790	47.197	1.057	8.200	10.607
6	75.562	24.135	50.125	1.359	8.750	10.940
7	76.673	24.440	52.146	1.635	9.166	11.284
8	77.452	24.713	53.601	1.885	9.486	11.625
9	78.025	24.960	54.685	2.109	9.736	11.959
10	78.463	25.182	55.518	2.309	9.938	12.286
均值	67.267	23.687	41.972	1.166	8.760	11.098

① 若互为格兰杰因果，分解某变量方差时，将另一变量排在前面。

② 此处“fertilize to trade”为“percent fertilizer variance due to trade”的简写形式。表示农产品贸易依存度对化肥单位面积施用折纯量的预测方差贡献度。本小节方差分解分析结果表中的其他数据说明均以此类推。

表 4-20　秸秆、治涝面积、受灾面积与农产品贸易依存度的方差分解结果

期数	strawto trade	trade to straw	wl - control to trade	trade to wl - control	disaster to trade	tradeto disaster
1	16.683	0.000	0.000	0.963	4.151	0.000
2	28.937	2.582	0.384	0.796	35.893	1.784
3	62.516	2.303	0.811	1.069	47.384	2.691
4	78.144	3.031	1.161	1.612	52.445	3.149
5	85.624	3.148	1.426	2.267	55.028	3.398
6	88.947	3.435	1.626	2.940	56.456	3.540
7	90.620	3.532	1.777	3.584	57.282	3.624
8	91.382	3.612	1.892	4.182	57.772	3.675
9	91.723	3.628	1.983	4.728	58.067	3.705
10	91.821	3.623	2.055	5.224	58.246	3.724
均值	72.640	2.889	1.311	2.737	48.272	2.929

由上述方差分解结果得到：在前十期范围内，农产品贸易依存度对化肥单位面积施用折纯量、农药单位面积使用量、农膜单位面积使用量、秸秆单位面积产量、治涝面积和受灾面积的预测方差平均贡献度分别为67.27%、41.97%、8.76%、72.64%、1.31%和48.27%；化肥单位面积施用折纯量、农药单位面积使用量、农膜单位面积使用量、秸秆单位面积产量、治涝面积和受灾面积对农产品贸易依存度预测方差的平均贡献度分别为23.69%、1.17%、11.10%、2.89%、2.74%和2.93%。由此可见，农产品贸易依存度对大部分农业环境变量的解释程度要高于农业环境变量对农产品贸易依存度的解释程度。

表 4-21　化肥、农药与农产品出口依存度的方差分解结果

期数	fertilizer to export	exportto fertilizer	pesticide to export	export to pesticide
1	12.359	12.359	0.124	0.124
2	48.855	11.913	16.540	0.528
3	60.265	11.917	24.664	1.248
4	65.188	12.109	28.766	1.979

续 表

期数	fertilizer to export	exportto fertilizer	pesticide to export	export to pesticide
5	67. 782	12. 349	31. 096	2. 641
6	69. 335	12. 585	32. 558	3. 222
7	70. 352	12. 802	33. 547	3. 731
8	71. 063	12. 999	34. 255	4. 176
9	71. 584	13. 176	34. 783	4. 566
10	71. 980	13. 334	35. 189	4. 908
均值	60. 876	12. 554	27. 152	2. 712

表 4 – 22 农膜、治涝面积与农产品出口依存度的方差分解结果

期数	agrifilmto export	exportto agrifilm	wl – controlto export	exportto wl – control
1	31. 592	0. 000	3. 136	0. 000
2	18. 998	0. 085	23. 470	0. 162
3	13. 543	0. 239	33. 142	0. 397
4	10. 876	0. 421	38. 055	0. 636
5	9. 344	0. 612	40. 873	0. 859
6	8. 346	0. 804	42. 656	1. 060
7	7. 639	0. 995	43. 872	1. 242
8	7. 109	1. 182	44. 748	1. 406
9	6. 695	1. 367	45. 406	1. 553
10	6. 364	1. 549	45. 915	1. 685
均值	12. 051	0. 725	36. 127	0. 900

表 4 – 23 化肥、农药、农膜与农产品进口依存度的方差分解结果

期数	fertilizer to import	import to fertilizer	pesticideto import	importto pesticide	agrifilmto import	import to agrifilm
1	24. 484	24. 484	13. 625	0. 000	0. 000	0. 173
2	49. 185	27. 206	30. 262	0. 424	4. 932	1. 239
3	59. 117	29. 207	41. 139	1. 159	9. 121	3. 323
4	63. 931	30. 794	47. 983	2. 004	11. 926	5. 676
5	66. 636	32. 122	52. 428	2. 842	13. 793	7. 990

续　表

期数	fertilizer to import	import to fertilizer	pesticideto import	importto pesticide	agrifilmto import	import to agrifilm
6	68. 327	33. 263	55. 441	3. 618	15. 086	10. 173
7	69. 468	34. 255	57. 568	4. 313	16. 021	12. 206
8	70. 284	35. 125	59. 125	4. 927	16. 724	14. 095
9	70. 894	35. 891	60. 301	5. 465	17. 271	15. 852
10	71. 365	36. 568	61. 211	5. 937	17. 708	17. 489
均值	61. 369	31. 892	47. 908	3. 069	12. 258	8. 822

表 4 – 24　水土流失治理面积、治涝面积、受灾面积与农产品进口依存度的方差分解结果

期数	swloss – control to import	import to swloss – control	wl – control to import	import to wl – control	disaster to import	import to disaster
1	0. 000	0. 155	0. 000	1. 405	11. 477	0. 000
2	0. 019	3. 890	0. 844	1. 103	35. 450	3. 134
3	0. 036	9. 153	1. 957	1. 690	43. 599	5. 186
4	0. 048	14. 288	2. 986	2. 863	49. 256	4. 958
5	0. 057	18. 761	3. 846	4. 320	54. 141	4. 585
6	0. 063	22. 538	4. 537	5. 855	57. 746	4. 493
7	0. 067	25. 716	5. 087	7. 353	60. 573	4. 393
8	0. 070	28. 404	5. 528	8. 761	62. 890	4. 302
9	0. 073	30. 695	5. 883	10. 059	64. 797	4. 238
10	0. 074	32. 660	6. 172	11. 243	66. 392	4. 185
均值	0. 051	18. 626	3. 684	5. 465	50. 632	3. 947

进一步通过对农业环境与农产品出口依存度、进口依存度的方差分解分析发现，农产品出口依存度和进口依存度对大部分农业环境变量的解释程度也要高于农业环境变量对农产品出口和进口的解释程度。出口依存度对化肥单位面积施用折纯量、农药单位面积使用量、农膜单位面积使用量和治涝面积的预测方差平均贡献度分别为 60. 88%、27. 15%、12. 05% 和 36. 13%；化肥单位面积施用折纯量、农药单位面积使用量、农膜单位面积

使用量和治涝面积对出口依存度预测方差的平均贡献度分别为 12.55%、2.71%、0.73%和 0.90%。进口依存度对化肥单位面积施用折纯量、农药单位面积使用量、农膜单位面积使用量、水土流失治理面积、治涝面积和受灾面积的预测方差平均贡献度分别为 61.37%、47.91%、12.26%、0.05%、3.68%和 50.63%；化肥单位面积施用折纯量、农药单位面积使用量、农膜单位面积使用量、水土流失治理面积、治涝面积和受灾面积对进口依存度预测方差的平均贡献度分别为 31.89%、3.07%、8.82%、18.63%、5.46%和 3.95%。

表 4－25　水土流失治理面积与农村居民实际人均纯收入增量的方差分解结果

期数	swloss－control to △income	△income to swloss－control
1	0.077	0.077
2	4.855	3.251
3	5.104	14.474
4	7.867	31.202
5	9.138	43.620
6	11.380	55.081
7	12.548	62.159
8	13.767	68.015
9	14.129	71.787
10	14.289	74.776
均值	9.315	42.444

与上述结论相反的是，水土流失治理面积可以平均解释 42.44%的农村居民实际人均纯收入增量的预测方差，而农民收入增量对水土流失治理面积的方差解释力只有 9.32%。此结论与现实经验相符：我国是世界上水土流失问题最严重的国家之一。根据水利部、中国科学院和中国工程院联合开展的中国水土流失与生态安全综合科学考察活动数据显示，目前我国土壤侵蚀面积达到 356.92 万平方公里，专家以 2000 年的数据分析认为，水土流失给国家带来经济损失约 1900 亿元，相当于当年全国 GDP 的 2.1%（鄂竟平，2008）。水土流失导致的土地退化、耕地毁坏、江河湖库淤积等

问题已严重制约某些地区的农业经济发展。而水土流失治理可以改善农业生态系统和生产条件，是提高土地生产力，帮助农民增产增收的有效手段。

综上所述，通过我国农产品贸易与农业环境的方差分解分析发现：大部分农产品贸易变量对农业环境变量预测方差的解释力要强于农业环境变量对农产品贸易变量的解释力。此结论基本与农产品贸易和农业环境的格兰杰因果检验结果相符。农业总产值和总贸易量的逐年攀升拉动了我国经济增长，为我国现代化建设做出了杰出贡献。与此同时，对经济利益的极度追求可能造成自然资源的过度开发利用和生态环境的严重恶化，从而随着时间和数量的积累显现出农业环境破坏对农产品贸易的负面影响。但是，我国目前仍欠缺一个有效的环境资源市场机制，很难实现农业环境对农产品贸易的良性反调节作用，常常出现对环境先破坏再补救的恶性循环模式。

第三节　本章小结

本章采用时间序列的计量分析方法考察了 1992 年至 2013 年我国农产品贸易、农民收入和农业环境变量之间的长期均衡关系、格兰杰因果关系和短期动态传导机制，主要得到以下五点结论：

第一，在 Johansen 协整分析中，我国农产品贸易依存度与样本系统中大部分农业污染变量的增多存在正向关系，与环境质量变量的提升存在负向关系。脉冲响应分析得到与协整分析相似的结果：农产品贸易开放程度的提高会对大部分农业环境变量产生负面影响；但是，部分农业环境变量已显示出对农产品贸易的反向作用，比如农业污染物的增多会抑制贸易的发展，而农业环境的改善会促进贸易的发展。

第二，农民实际人均纯收入增量与农业污染变量的增多存在正向关系，与环境质量变量的提升也存在正向关系。在脉冲响应分析中，农民收入增量的提高会对水土流失治理面积产生不利影响，但是水土流失治理的改善会提高农民收入增量水平。脉冲响应分析对两者的协整关系做了很好的解释说明：农民收入增量的提高在现阶段会造成农业污染加重，但是农业环境质量的改善对农民收入有反向调节作用，可以提高其收入水平。

第三，农产品出口贸易与多数农业污染变量存在负的协整关系，出口贸易依存度提高，农业污染排放下降。农产品出口依存度与农业环境变量的脉冲响应分析则显示：出口依存度的提高会对农业环境产生负面影响，加剧农业污染的排放；大部分农业污染变量的增多会阻碍出口的发展，环境的改善会促进出口的发展；其中，化肥的增多在初期会使出口依存度增加，而在后期会使出口依存度减少，表现了农业环境污染对出口抑制作用的滞后性。其脉冲响应分析的结果与协整检验的结果并不矛盾，因为协整关系表示的是一种长期稳定关系，而脉冲响应是分析一个变量的一个标准差的正向冲击对另一个变量的短期动态影响，这种短期影响可能存在着与长期方向不同的偏离。

第四，农产品进口贸易与多数农业污染变量的增多存在长期正向均衡关系。在短期方面：农产品进口贸易依存度的提高会导致环境污染变量的增加，但是同时会使水土流失等其他环境质量变量得到改善；污染变量的增多反过来促进农产品进口贸易的发展。通过格兰杰因果检验发现，环境变量为贸易变量格兰杰因的结果主要体现在农产品进口贸易方面。格兰杰因果检验结果和脉冲响应分析结果进一步证实了本章对农产品进口贸易与农业污染变量协整分析结果的原因推测。

第五，通过对满足协整条件的变量关系进行格兰杰因果检验发现：农产品贸易变量为大多数农业环境变量的格兰杰因；另有约 1/3 的检验结果得出农产品贸易与农业环境互为因果的结论；农业环境为农产品贸易格兰杰因的结果主要体现在环境对进口贸易的影响上面。农产品贸易与农业环境的方差分解分析结果与格兰杰因果检验的结论基本相符，其结果显示，农产品贸易变量对大部分农业环境变量预测方差的贡献度要高于环境变量对贸易变量的方差贡献度。尽管我国农业环境对农产品贸易的影响程度逊色于贸易对环境的影响程度，但从上述分析结果来看，我国农业环境对农业经济贸易存在一个反向调节的趋势，即环境改善会提高农民收入水平并促进农产品贸易发展，而环境污染会降低农民收入并抑制农产品贸易发展。

随着我国农业经济建设的快速发展和人民生活水平的日益富足，大众的环保意识和环境需求都不断提高，再加上资源过度开采、环境承载力濒临极限等问题的出现，农业环境变化开始逐步对农产品贸易显现出反向影响。

以上结论可以给我们带来如下政策启示：

第一，发挥比较优势，合理化农产品进出口结构，增强国际竞争力。通过实证检验发现，我国农产品出口贸易依存度与多数农业污染变量的增多存在负向关系。这主要是因为我国在果蔬、花卉、水产品等相对清洁的劳动密集型农产品生产上有比较优势，出口数量较多。由南北贸易模型理论可得，贸易自由化会使“清洁产品”出口国的污染排放量降低。因此，扩大劳动密集型农产品的生产和出口，增加资本密集型农产品的进口有助于我国农业环境的改善和农业经济的发展。在此基础上，可充分利用我国比较优势，以市场为导向，调整种植业和渔业的生产结构和贸易结构，开展环境节约型和友好型的现代化农业生产，充分利用不同地域的资源优势，优化区域布局，增强我国农产品在国际市场的话语权和竞争力。

第二，建立一个包含环境的有效市场机制和价格调节手段。我国目前仍然欠缺一个包含环境的有效市场机制，难以实现农业环境对农产品贸易的良性反调节作用，常常出现先破坏再补救的恶性循环模式。再加上我国农业污染监测的发展与工业污染监测相比较为缓慢，使得该调节手段的实现更为困难。因此，应进一步完善农业污染监测系统建设，以更好地实现农业环境外部效应内部化。在政策制定时，应坚持生产力与环境承载力相匹配、政府指导和市场机制相结合的原则，建立公平公正、奖惩分明的市场环境。

第五章　基于我国省级面板数据的农产品贸易环境效应研究

通过本书第三章的理论分析发现，贸易对环境的影响渠道并非单一，贸易环境效应依赖于经济体自身特征和政策制定等因素。那么，我国农产品贸易是通过什么渠道来影响农业环境，具体有哪些环境效应，效应的大小和方向如何？我国面积幅员辽阔，不同地区的农产品贸易环境效应是否存在不同的特点？这些特点是否值得相互借鉴和学习？以上问题的解答对我国农业环境保护和政策的制定有着重要的理论意义和实际意义。

因此，本章利用省级面板数据，通过分地区农产品贸易环境效应模型的构建，对上述问题展开探讨。首先对我国农产品贸易和农业环境污染的地区差异进行描述性比较；然后采用面板回归方法将农产品贸易环境效应分解，对具体效应的大小和方向进行检验；最后在回归结果的基础上，估算出分地区效应的弹性系数，对我国东、中、西三大区域的农业环境特性进行分析比较。

第一节 我国农产品贸易与农业环境污染的区域特征比较①

一、农产品贸易的地区特征

中部地区农林牧渔业总产值最高。2013 年我国农林牧渔业总产值为 96995.3 亿元，同比增长 8.43%。图 5-1 反映了 2008 年至 2013 年我国农林牧渔业总产值全国各省均值和东、中、西部地区各省（自治区、直辖市）均值的情况。由图可见，我国农林牧渔业总产值和各地区均值均呈现出逐年上升的趋势。其中，中部各省的农林牧渔业总产值均值最高，西部地区低于全国平均水平。

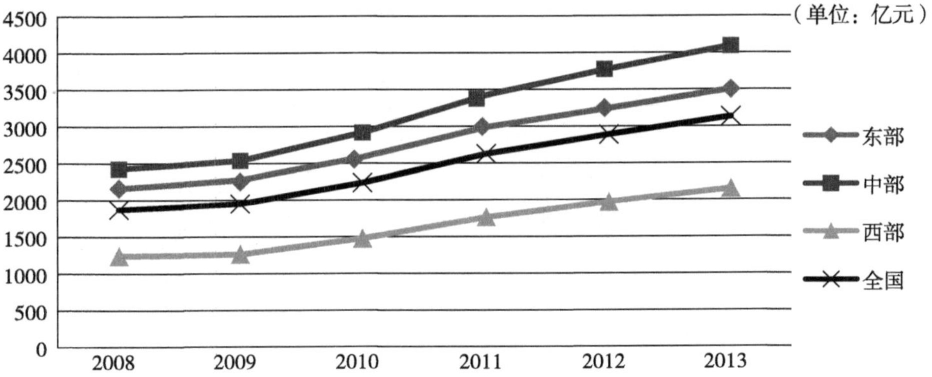

图 5-1 2008—2013 年我国分地区农林牧渔业总产值

资料来源：作者根据相关年份《中国农业年鉴》数据计算绘制得到。

东部地区农产品贸易开放度最高。由图 5-2 可见，东部地区在农产品

① 本章第二节部分研究范围为我国除港澳台地区外的 31 个省市自治区。东部地区包括北京、天津、河北、辽宁、上海、江苏、浙江、福建、山东、广东、海南 11 个省（直辖市）；中部地区包括山西、吉林、黑龙江、安徽、江西、河南、湖北、湖南 8 个省；西部地区包括四川、重庆、内蒙古、广西、贵州、云南、西藏、陕西、甘肃、青海、宁夏、新疆 12 个省（自治区、直辖市）。

贸易依存度和进出口额方面都远高于中部地区和西部地区，也高于全国平均水平。2013 年，我国东部 11 省市农产品贸易依存度的平均值为 0.658，分别约为中部和西部各省市平均值的 23 倍和 20 倍。东、中、西部三大地区的农产品进口额均值分别为 577.0 亿元、60.3 亿元和 43.4 亿元，出口额均值分别为 289.1 亿元、61.8 亿元和 40.0 亿元。

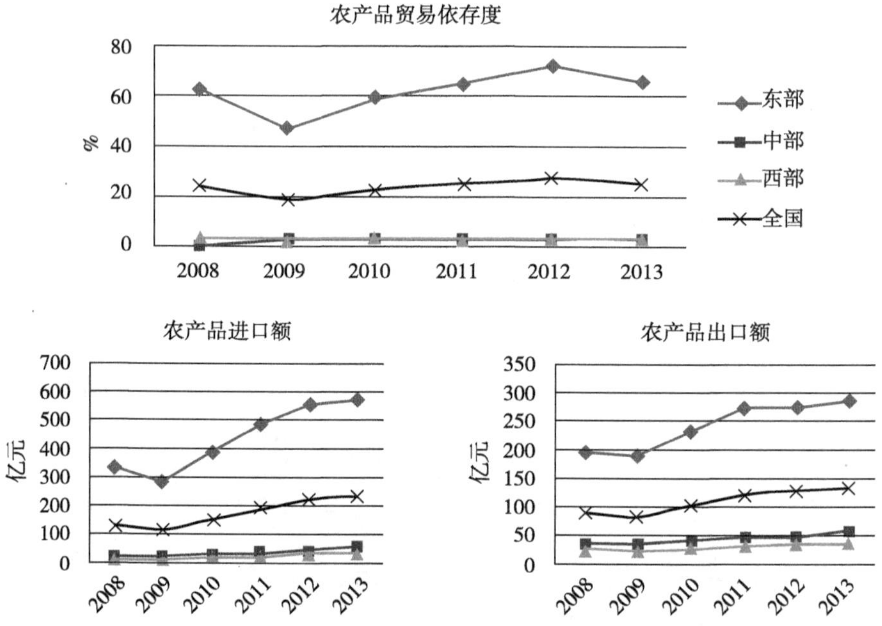

图 5－2　2008—2013 年我国分地区农产品贸易依存度及贸易额

资料来源：作者根据相关年份《中国农业年鉴》数据计算绘制得到。

中部地区始终保持农产品贸易顺差。表 5－1 为我国东、中、西三大地区 2008 年至 2013 年农产品贸易差额的各省（自治区、直辖市）均值。由表可见，我国东部地区的贸易逆差，除 2009 年受经济危机影响有所回落外，一直处于逐年加大的趋势。西部地区自 2012 年开始出现贸易逆差。中部地区一直保持贸易顺差，但是中部地区的农产品贸易开放水平较低，顺差额呈现逐年缩小的趋势。

表5－1　分地区农产品贸易差额各省均值　　单位：亿元

年份	东部	中部	西部
2008	－136.05	16.00	9.10
2009	－96.10	8.08	8.85
2010	－155.25	9.30	6.05
2011	－211.59	11.58	10.15
2012	－277.72	1.35	－3.65
2013	－287.823	1.50	－3.32

资料来源：作者根据相关年份《中国农业年鉴》数据整理计算得到。

二、农业环境污染的地域差异

不同农业环境污染指标的地域性特点差别较大。由于面源污染的特性，农业直接污染排放的数量较难统计。化肥、农药和农膜的滥用是我国农业环境污染的主要来源，因此本小节利用这三种农业化学品的使用情况来对我国农业环境进行考察。图5－3至图5－5为我国分地区农业污染指标的统计情况，由图可知：在化肥施用方面，中部省份最多，西部省份次之，均高于全国平均水平，东部省份平均化肥施用量最少；在农药使用方

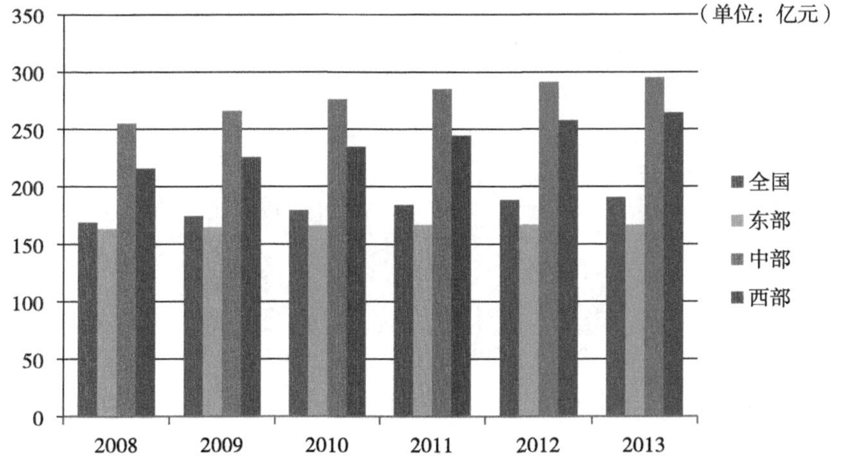

图5－3　2008—2013年我国分地区化肥施用折纯量各省均值

资料来源：作者根据相关年份《中国农村统计年鉴》数据计算绘制得到。

面，依然是中部地区最多，东部地区与全国平均水平持平，西部地区最少；在农膜使用方面，东部地区最多，中部地区与全国平均水平持平，西部地区最少。2013 年，我国东、中、西部地区的化肥施用量各省均值分别为 166.8 万吨、294.9 万吨和 264.3 万吨，农药使用量均值分别为 6.1 万吨、9.6 万吨和 3.0 万吨，农膜使用量均值分别为 8.7 万吨、8.2 万吨和 7.4 万吨。

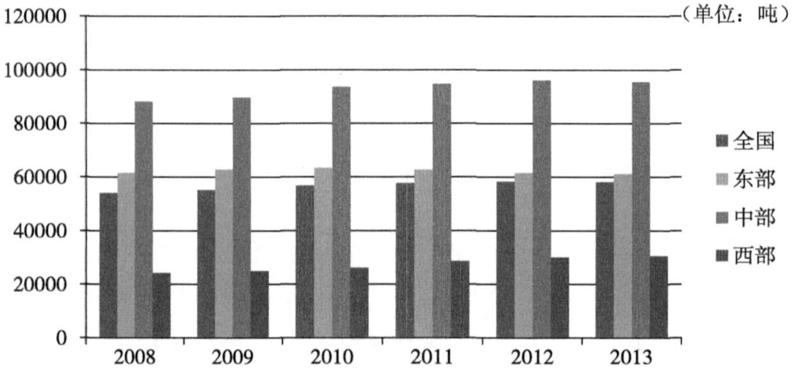

图 5-4　2008—2013 年我国分地区农药使用量各省均值

资料来源：作者根据相关年份《中国农村统计年鉴》数据计算绘制得到。

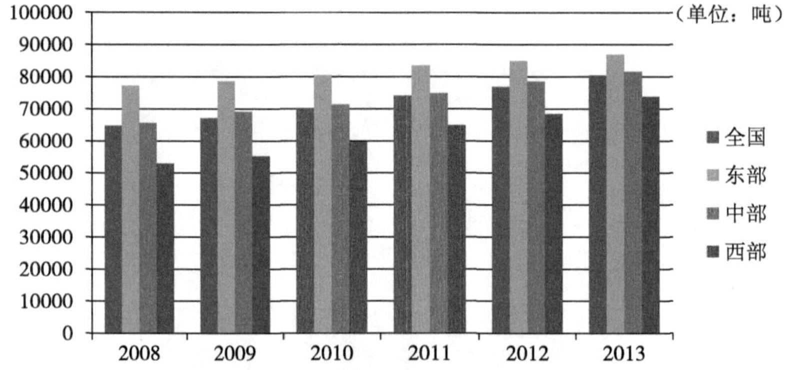

图 5-5　2008—2013 年我国分地区农膜使用量各省均值

资料来源：作者根据相关年份《中国农村统计年鉴》数据计算绘制得到。

表 5-2 统计了 2008 年至 2013 年农业相关指标均值排名前五的省、市、自治区。贸易相关指标排名前五的省市，均为东部省市。化肥和农药

使用量最多的省份除山东和江苏外，均为中部省份。农膜使用量最多的省份前五名则涵盖东、中、西部地区。由此可见，在农产品贸易方面，东部开放程度远高于中西部地区；农业环境污染则根据污染指标的不同，表现出不同的区域特点。

表 5 – 2 2008—2013 年我国各省市农业相关指标均值排名

指标	均值排名前五位
农林牧渔业总产值	山东、河南、江苏、四川、河北
农产品出口额	山东、广东、福建、浙江、辽宁
农产品进口额	山东、北京、广东、江苏、上海
农产品贸易依存度	北京、上海、天津、广东、山东
化肥施用折纯量	河南、山东、湖北、江苏、安徽
农药使用量	山东、湖北、河南、湖南、安徽
农膜使用量	山东、新疆、河南、辽宁、甘肃

资料来源：作者根据相关年份《中国农业年鉴》和《中国农村统计年鉴》数据整理计算得到。

第二节 农产品贸易环境效应的实证检验

一、计量模型设定

由本书第三章可知，农业污染排放受生产规模、生产结构、技术水平、贸易开放水平、世界市场价格、消费者人口和真实人均收入水平等因素的影响。其中，贸易开放对一国的环境影响是由其比较优势决定的。比较优势具体体现为反应要素禀赋效应（Capital – Labor Effect，KLE）的相对资本劳动比和反应环境管制效应（Environmental Regulation Effect，ERE）的相对人均收入水平。两种效应作用方向相反，共同决定了贸易诱发的结构效应的大小和方向。综上所述，可将环境污染的影响效应分解如图 5 – 6 所示：

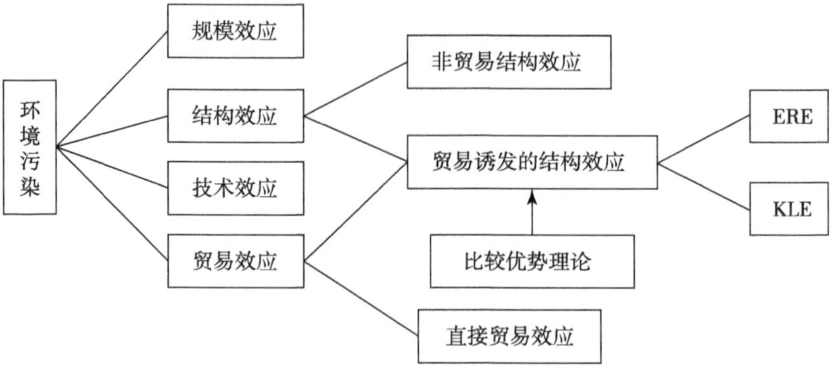

图 5－6　环境污染的效应分解图

资料来源：作者绘制得到。

本章主要借鉴 Cole 和 Elliott（2003）的贸易环境效应模型来分解估算我国各省份农业环境污染的影响效应。Cole 模型是在 ACT 模型的基础上改进而来，区别在于 ACT 模型使用 GDP/km^2 和人均收入水平来分别估计规模效应和技术效应；Cole 模型则使用人均收入水平来同时估计这两种效应，再通过对于污染强度的实证分析对规模效应和技术效应进行分离。其主要优点在于解决了衡量经济规模的变量（GDP）与技术规模的变量（实际人均收入 I）间共线性的问题，并能将该模型扩展到非城市层面的环境污染实证分析中[①]。因为污染物的贸易环境效应会依赖于污染物本身的特性而产生不同的结果，下面尝试将贸易环境效应模型应用于农业领域，对我国的农业环境污染问题进行实证检验。

具体实证模型设定如下：

$$\begin{aligned}Z_{it} = {} & \alpha_0 + \alpha_1 I_{it} + \alpha_2 (I_{it})^2 + \alpha_3 KL_{it} + \alpha_4 (KL_{it})^2 + \alpha_5 I_{it} KL_{it} \\ & + \alpha_6 O_{it} + \alpha_7 O_{it} R I_{it} + \alpha_8 O_{it} (R I_{it})^2 + \alpha_9 O_{it} R KL_{it} \\ & + \alpha_{10} O_{it} (R KL_{it})^2 + \alpha_{11} O_{it} R I_{it} R KL_{it} + \alpha_{12} \varepsilon_{it} \end{aligned} \tag{5.1}$$

其中，Z 表示农业污染水平，I 表示农村居民实际人均收入水平，KL 表示农业资本劳动比，O 为农产品贸易开放水平，RI 为农民相对人均收入

① GDP/km^2 通常用来衡量城市单位面积的经济活动情况，对于本文的研究目标并不适用。

水平，RKL 为相对农业资本劳动比。

当（5.1）式选取人均污染水平标量表示 Z 时，可将环境污染水平分解为规模效应、结构效应、技术效应、直接贸易效应和贸易诱发的结构效应。农村居民实际人均收入水平 I 可以同时衡量农业环境的规模效应和技术效应，因为一个地区的收入水平既可以表示该地区的经济规模，也可以反映该地区科学技术发展程度和对先进技术的需求程度，通常收入水平越高的地区技术水平越高。根据库兹涅茨的环境倒 U 型曲线，将表达式定义为 I 和I^2的形式。也就是说，通常在低收入水平国家，农业环境的规模效应占主导地位，而在高收入水平国家，农业环境的技术效应占主导地位。

农业环境的结构效应由农业资本与农业劳动力的比值 KL 来表示，加入资本劳动比的平方项K^2可以得到资本积累的边际效应。人均收入水平和资本劳动比的乘积 IKL 表示农民收入对农业环境的影响效应可能在现实中依赖于农业资本劳动比水平的高低，反之资本劳动比对环境的影响也可能依赖于收入水平的高低。

下面考虑变量中含农产品贸易开放水平 O 的效应，定义为E_K效应，则其表达式为：

$$E_K = \alpha_6 O_{it} + \alpha_7 O_{it} RI_{it} + \alpha_8 O_{it}(RI_{it})^2 + \alpha_9 O_{it} RKL_{it} + \alpha_{10} O_{it}(RKL_{it})^2 + \alpha_{11} O_{it} RI_{it} RKL_{it} + \alpha_{12} \varepsilon_{it} \tag{5.2}$$

E_K效应由直接贸易效应和贸易诱发的结构效应组成。农产品贸易的开放水平 O 可用来表示农业环境的直接贸易效应。环境管制效应（ERE）和资源禀赋效应（KLE）构成贸易诱发的结构效应。

根据“污染天堂”假说，环境管制不同的两个国家开放贸易时：环境管制较为严格的国家因环境成本较高，对清洁产品有比较优势，会选择出口清洁产品而进口污染密集型产品；环境管制较为宽松的国家因环境成本较低，对污染密集型产品有比较优势，会选择出口污染密集型产品而进口清洁产品。环境管制较为严格的国家污染减少，而环境管制较为宽松的国家污染加剧，形成“污染天堂”，也就是贸易诱发的 ERE，可以用$O_{it}RI_{it}$和$O_{it}(RI_{it})^2$来表示。通常当一国的收入水平升高到某一阶段，人民对环境的需求提高引起环境标准升高。因此，贸易开放可以减少相对收入较高国家的农业污染，增加相对收入较低国家的农业污染，所以$\alpha_7>0$，$\alpha_8<0$，污染随着相对收入的提高呈倒 U 型状态。

根据要素禀赋理论，贸易开放会使对污染密集型产品有比较优势的国家污染加重，对清洁产品有比较优势的国家污染降低。通常，资本密集型产品的污染排放程度较高，属于污染密集型产品；劳动密集型产品的污染排放度较低，属于清洁产品。所以，贸易开放往往致使资本资源丰裕的国家污染加重而劳动力资源丰裕的国家污染下降，即为贸易诱发的 KLE，可以用 $O_{it}RKL_{it}$和O_{it} $(RKL_{it})^2$来表示。根据上述结论，农产品贸易开放程度的提高会使相对农业资本劳动比较高的国家农业污染上升，相对资本劳动比较低的国家污染下降。因此，$\alpha_9<0$，$\alpha_{10}>0$，污染随着相对资本劳动比的上升呈 U 型状态。

在现实生活中，相对收入较高的发达国家往往也拥有相对较高的资本劳动比，因此 ERE 和 KLE 在相同国家中通常具有反向趋势，使得贸易对环境的影响根据考察对象和考察时间的不同呈现出多样化的时空特点。

二、数据来源与处理

环境污染变量测算方法的选取会对实证结果产生非常重要的影响。Selden 和 Song（1994）在估测库兹涅茨倒 U 型曲线拐点时发现，使用城市单位的污染浓度变量测算出的拐点所在的收入水平要低于使用国家排放总量时的收入水平。这是因为不同的污染测算方法表达的含义不同，比如人均污染量侧重于污染对居民健康的影响，地区污染总量强调了地区边界的概念，污染排放强度（农业污染排放总量/农业生产总值）则排除了对规模效应的考量。所以，当（5.1）式中 Z 为农业污染排放强度变量时，农村居民实际人均收入水平仅能衡量农业环境的技术效应，从而可将规模效应与技术效应进行区分。本书为更好地对我国农产品贸易环境效应进行分析，在考察人均污染排放变量的基础上，同时使用污染强度变量来进行辅助说明。化肥、农药和农膜的使用不当是造成我国农业环境污染的主要原因。因此，人均污染排放变量选取各省人均化肥施用量、人均农药使用量和人均农膜使用量来表示，污染排放强度变量选取各省化肥施用量强度、农药使用量强度和农膜使用量强度来表示。各省化肥施用量、农业使用量和农膜使用量数据来自相关年份《中国农村统计年鉴》。

在估算人均污染变量的贸易环境效应时，为克服经济波动的影响，人均收入 I 采用三年平均人均收入水平，即当年与滞后两期的农村居民实际人均纯收入的平均值。相对人均收入 RI 采用各省三年农村居民实际人均纯收入的均值与相应年份的全国农村居民实际人均纯收入均值的比值。在估算污染强度变量的效应时，为更好体现技术效应的影响，采用滞后一期的农村居民三年实际人均纯收入均值①。相对人均收入 RI 采用滞后一期的三年实际人均收入均值与相应年份的全国实际人均收入均值的比值。对农村居民实际人均纯收入，使用历年各省农村居民实际人均纯收入剔除以 2008 年为基期的各省农村居民消费价格指数来进行处理。以 2008 年为基期的农村居民消费价格指数②根据相关年份《中国农业年鉴》中的数据计算而得。

资本劳动比 KL 采用农业资本存量与农业劳动人口③数量的比值。农业资本存量使用李谷成等（2014）2010 年和 2011 年的各省农业资本存量估计值。并在此基础上，运用永续盘存法（PIM）对 2008 年、2009 年、2012 年和 2013 年的各省农业资本存量值进行估算。永续盘存法由 Goldsmith（1951）首先提出，计算公式为：

$$K_t = K_{t-1}(1-\delta) + i_t$$

K_t表示当期资本存量，K_{t-1}表示上期资本存量，δ 为折旧率，i_t表示当期投资。当年农业资本存量的估算值即为剔除折旧的上期资本存量额与当期投资额的和。当期投资额i_t的计算方法为全社会固定资本形成总额乘以农业固定资产投资占全社会固定资产投资的比值。农业资本折旧率 δ 综合相关资料定为 5.42%。农业资本采用农业生产资料价格指数进行平减，从

① 规模效应与同期的经济活动相关，而技术效应则需要一个滞后反应时间，比如当期的经济腾飞推动的技术进步往往会在下期才完成。

② 各直辖市的历年消费价格指数使用全国平均数据代替。

③ 2013 年的各省市的农业劳动人口数量通过 2013 年全国农业劳动人口总和与 2012 年总和的比值，以及 2012 年各省市农业劳动人口数量估算得到。

而计算得到以2008年为基期的农业资本存量①。相对资本劳动比RKL为各省农业资本劳动比与当年全国农业资本劳动比均值的比值。

农产品贸易O采用农产品贸易依存度，即农产品进出口贸易值的总和与农林牧渔业生产总值的比值。美元汇率数据来源于国家统计局网站。

以上数据除特殊说明外，均来自相关年份《中国农业年鉴》，范围为2008年至2013年的全国省级数据②。各变量的具体计算方法如表5－3所示：

表5－3　变量明细表

名称	符号	计算方法	单位
人均化肥施用量	—	农用化肥施用折纯量/农业劳动人口	吨/万人
化肥施用量强度	—	农用化肥施用折纯量/农业GDP	吨/亿元
人均农药使用量	—	农药使用量/农业劳动人口	吨/万人
农药使用量强度	—	农药使用量/农业GDP	吨/亿元
人均农膜使用量	—	农业塑料薄膜使用量/农业劳动人口	吨/万人
农膜使用强度	—	农业塑料薄膜使用量/农业GDP	吨/亿元
农村居民实际人均纯收入	I	—	元
农村居民相对人均纯收入	RI	各省农村居民实际人均纯收入/全国农村居民实际人均纯收入均值	—
农业资本劳动比	KL	农业资本存量/农业劳动人口	亿元/万人
相对农业资本劳动比	RKL	各省农业资本劳动比/全国农业资本劳动比均值	—
农产品贸易依存度	O	（农产品出口额＋农产品进口额）/农林牧渔业总产值	—

① 各省农业资本存量计算结果参见附表2。

② 受可得数据的限制，本章第三小节样本数据范围涵盖全国28个省市自治区，未包含重庆、海南、西藏和港澳台等地区的数据。

第三节　实证检验结果分析

一、基于全国数据的农产品贸易环境效应分析

为克服短面板数据异方差和自相关的问题，本章使用了聚类稳健的标准差对基于全国数据的人均化肥施用量、人均农药使用量、人均农膜使用量、化肥施用强度、农药使用强度和农膜使用强度进行实证检验。通过LSDV方法考察发现，大多数个体虚拟变量均很显著，认为模型存在个体效应，排除使用混合回归方法。因为使用聚类稳健标准差的情况下，豪斯曼检验不再使用，所以需要通过辅助回归方法①对方程进行检验。检验结果显示六个被解释变量的检验p值均为0.0000，故强烈拒绝随机效应。因此，使用固定效应模型对数据进行回归，得到结果如表5－4和表5－5所示：

表5－4　基于全国样本数据的农业人均污染量回归结果

变量	人均化肥施用量	人均农药使用量	人均农膜使用量
I	0.266***	0.00658	0.00889
I^2	－0.000012***	－1.90e－07	－2.35e－07
KL	295.627**	9.006**	21.377*
KL^2	－12.973**	－0.062	－0.960
IKL	0.00367	－0.000536	－0.0000349
O	－15459.72***	－278.581	－1513.152**
ORI	15785.6***	304.133	1832.791**
$O(RI)^2$	－3887.951***	－83.770	－494.446**
ORKL	－1397.598***	－42.916***	－239.066***
$O(RKL)^2$	18.750**	0.386	6.765***

① 辅助回归方法为：$y_{it}-\hat{\theta}\bar{y}_i=(x_{it}-\hat{\theta}\bar{x}_i)'\beta+(1-\hat{\theta})z_i'\delta+(x_{it}-\bar{x}_i)'\gamma+[(1-\hat{\theta})u_i+(\varepsilon_{it}-\hat{\theta}\bar{\varepsilon}_i)]$。然后使用聚类稳健的标准差来检验原假设“$H_0$：$\gamma=0$”。（陈强，2010）

续 表

变量	人均化肥施用量	人均农药使用量	人均农膜使用量
ORIRKL	548.272***	20.463***	82.099***
常数项	864.032***	30.862***	53.946***
F 值	20418 (0.00)	1669.58 (0.00)	205017.22 (0.00)
辅助回归	319.24 (0.00)	888.84 (0.00)	145.44 (0.00)

注：* 表示在10%水平上显著，** 表示在5%水平上显著，*** 表示在1%水平上显著。下表均同。

表5-5 基于全国样本数据的农业污染强度回归结果

变量	化肥施用强度	农药使用强度	农膜使用强度
I	-0.311***	-0.00719**	-0.0149***
I^2	0.000014***	1.66e-07*	1.02e-06**
KL	29.500	1.725	17.171*
KL^2	0.490	-0.0632	0.647
IKL	-0.00303	0.0000893	-0.00241
O	2747.94**	-5.302	59.234
ORI	-2387.406*	-7.556	34.428
$O(RI)^2$	525.286	4.683	-31.099
ORKL	-177.500*	0.878	-13.448
$O(RKL)^2$	1.782	-0.0461	-0.724
ORIRKL	69.326	-0.482	9.448
常数项	1909.343***	51.626***	69.904***
F 值	17080.68 (0.00)	5865.98 (0.00)	4672.71 (0.00)
辅助回归	74.47 (0.00)	115.19 (0.00)	152.83 (0.00)

对于人均污染指标来说，收入水平（I）可用来同时衡量规模效应和技术效应，将其定义为规模技术效应。实证结果显示：化肥、农药和农膜的人均收入系数均为正，说明随着人均收入的提高，农业化学品使用量升高；收入水平平方项（I^2）的系数为负，说明农业化学品人均边际使用量随着收入水平的提高递减。由此可见，我国农业环境污染与人均收入的关系基本符合库兹涅茨倒U型曲线。根据我国农村居民平均收入水平计算发

现，现阶段农村居民收入水平较低，仍处在拐点之前。人均农药及农膜使用量的人均收入系数不显著，可见就全国整体范围而言，规模效应对农药和农膜使用量的刺激作用不如对化肥的作用明显。

对于污染强度指标，收入水平（I）仅用来衡量技术效应。实证结果显示：三类农业化学品使用强度的人均收入系数均为负且显著，说明随着技术水平的提高，农业化学品使用强度降低，污染减少，此结果符合农业技术效应有利于农业环境改善的理论预期；收入水平平方项(I^2)的系数为正，说明农业化学品使用的边际递减强度随着技术水平的提高减弱。综合规模技术效应和技术效应的实证结果发现，我国农业规模效应对农业环境的负影响超过了技术效应的正影响，规模效应占主导地位。

尽管化肥施用强度和农药使用强度的系数不显著，人均农业化学品使用量和使用强度的资本劳动比（KL）系数均为正。这与我们之前的理论预期也相同，即资本劳动比的提升会提高化肥、农药和农膜的使用量，加剧农业环境污染，结构效应为负。由资本劳动比（KL）和资本劳动比二次项(KL^2)系数的正负性推断，我国农业环境污染与农业资本劳动比也存在倒U型关系。现阶段我国农业资本劳动比较低，仍处在拐点之前，农业资本劳动比重加大会导致农业污染排放增加。

在关于E_K的实证结果方面，三类农业化学品人均使用量的贸易依存度系数为负，说明贸易开放程度的提高会直接减少农业化学品的人均使用量，对农业环境改善具有积极意义，这与本书第四章的结论相符。但是化肥施用强度的贸易依存度系数为正且显著，表示贸易依存度的提高会加大我国整体化肥施用强度水平。2004年后，我国农产品贸易一直呈现逆差状态，贸易依存度的提高，可能使农产品贸易逆差加大，放缓了我国农业总产值的增长速度。①

在ERE与KLE的估计方面，人均指标的贸易依存度（O）与相对收入乘积（ORI）的系数为正，与相对收入平方项乘积（$O(RI)^2$)的系数为负，

---

① 例如化肥施用量增长速度慢于人口增长速度，快于农林牧渔业总产值增长速度时，会出现人均使用量下降而使用强度上升的情况。

与相对资本劳动比乘积（ORKL）的系数为负，与相对收入平方项乘积〔$O(RKL)^2$〕的系数为正。实证结果与ERE系数和KLE系数的理论预期相同，证明了我国农业环境污染受农产品贸易诱发的ERE和KLE的双重影响。我国属于相对农民收入较低，劳动力资源禀赋相对丰裕的国家，所以贸易诱发的ERE会增加我国的农业污染，而贸易诱发的KLE会减少我国的农业污染。其中，农药人均使用量的ERE不显著，而KLE显著，这是由于农药相对于其他农业化学品的特殊性造成的。农药主要用于农业生产过程中常出现的病虫草害的防治，犹如医药对人类的意义一样重要，现代农业往往更依赖于农药的使用。在实际生产中，发达国家农药使用量普遍高于发展中国家，根据联合国粮农组织2000年的统计，发达国家单位面积农药使用量是发展中国家的1.5～2.5倍（农业部网站，2012）。由此可见，农药使用量在现实中并不能用传统的EKE理论说明。农药、农膜使用强度的环境诱发效应并不显著，化肥使用强度的贸易依存度与相对收入乘积（ORI）的系数在10%的显著水平上为负，与化肥人均施用量的系数相反，这都说明经济变量对环境污染的影响可能会依赖于污染测算方法的不同。

二、东、中、西部三大地区农产品贸易环境效应分析

为进一步对比分析我国农产品贸易环境效应特征，下面分别对东、中、西三大地区的农业环境污染情况进行考察①。在对方程组进行估计时，似不相关回归（SUR）可以克服各方程扰动项之间存在相关性的问题②。因此，对分地区数据进行SUR回归，得到结果如表5－6至表5－8所示：

---

① 样本数据范围涵盖全国28个省市自治区。东部地区包括北京、天津、河北、辽宁、上海、江苏、浙江、福建、山东、广东10个省（直辖市）；中部地区包括山西、吉林、黑龙江、安徽、江西、河南、湖北、湖南8个省；西部地区包括四川、内蒙古、广西、贵州、云南、陕西、甘肃、青海、宁夏、新疆10个省（自治区）。

② 经假设检验，各方程组均可在1%的显著性水平上拒绝各方程的扰动项互相独立的原假设。所以使用SUR进行系统估计可以提高估计效率。

表 5-6　分地区人均化肥施用量回归结果

变量	东部	中部	西部
I	-0.462***	0.921	0.354**
I^2	0.0000224***	-0.000145**	-0.000115***
KL	479.186***	1660.275**	-228.502*
KL^2	10.351**	-313.072**	-274.346***
IKL	-0.0456***	0.248	0.384***
O	5045.401	-4142796***	340685.2***
ORI	370.697	9586949***	-903645.2***
O (RI)^2	-957.497	-5495362***	578694.6***
ORKL	-2265.035***	-930058.1***	-110759.6***
O (RKL)^2	46.130***	-76518.97***	-19836.78***
ORIRKL	831.985***	1086906***	185299.8***
常数项	4110.817***	-2073.779	810.811**

表 5-7　分地区人均农药使用量回归结果

变量	东部	中部	西部
I	0.0233***	-0.0291	0.00791
I^2	-1.60e-06***	1.77e-06	2.93e-06
KL	-20.810***	53.435	26.026***
KL^2	-0.776***	-3.695	12.366***
IKL	0.00266***	-0.000777	-0.0191***
O	656.443***	-156864.9***	36059.9***
ORI	-578.778***	331728.4***	-111163.8***
O (RI)^2	135.555***	-169599.4**	82425.03***
ORKL	-48.706***	-13456.7	5349.438***
O (RKL)^2	2.489***	1911.708	-231.868
ORIRKL	12.600***	6832.968	-5103.172*
常数项	6.543	125.663*	-19.00087

表 5－8　分地区人均农膜使用量回归结果

变量	东部	中部	西部
I	-0.0200**	0.0188***	0.0633***
I^2	2.65e-06***	-1.65e-06***	-6.97e-06**
KL	49.460***	75.451***	-59.788***
KL^2	-0.591	-1.360	5.954
IKL	-0.00282***	-0.00586***	0.00284
O	529.405	-42727.38***	46403.86***
ORI	-225.386	102082***	-124755.8***
O $(RI)^2$	6.773	-58529.39***	82245.8***
ORKL	-202.385***	-15375.95***	2751.737
O $(RKL)^2$	4.818***	248.295	12.620
ORIRKL	76.541***	14271.15***	-2508.074
常数项	35.123	-45.793***	-39.322

由上表可知，分地区贸易环境效应估计结果基本与理论预期和全国数据结果相符。通过地区间的横向比较发现，不同地区的环境效应差异较大，地域特征明显，主要特点归纳如下：

（1）中部和西部地区规模技术效应基本为负，东部地区化肥与农膜的规模技术效应为正①。东部地区化肥和农膜人均使用量的收入水平（I）系数为负，二次项(I^2)系数为正，规模技术效应对环境的影响为正效应。原因可以分两方面来考虑，一是我国东部农村居民实际收入水平较高，对环境质量的需求也相对较高。2008 年至 2013 年东部农村居民的实际人均收入均值约为 9151.9 元（以 2008 年为基期），而中部和西部地区分别为 5562.3 元和 4219.0 元；二是东部沿海地区经济发达，技术密集型农业发展相对较好，可能导致其技术效应的正效应占主导地位。

（2）技术水平大多表现为正效应②。化肥施用强度在所有地区的技术

① 效应为负指对环境有负面影响，环境污染增加，相应回归系数为正；效应为正指对环境有正面影响，环境污染减少，相应回归系数为负。

② 污染强度的分地区实证分析结果参见附表 4。

效应均为正，农膜使用强度东部地区和西部地区的技术效应也均为正，说明技术进步是污染治理的有效手段。西部农药、农膜以及东部农药的技术效应系数不显著，中部地区农药的技术效应为负①。其主要原因仍与前文提到的农药自身性质有关，尤其是在农药使用量较多，农业技术水平相对较低的中部地区，农业的现代化发展对农药依赖较大，农药会出现与传统理论相悖的检验结果。

（3）结构效应针对不同地区和不同污染物的实证结果差异较大②。以化肥为例，中部地区与全国数据一致，呈现倒 U 形态；东部地区呈正 U 型；西部地区也呈倒 U 形态，但是资本劳动比的二次项（KL^2）系数为负。而对于农药来说，东部地区的结构效应为正，西部地区为负，中部地区不显著。

（4）对外贸易对中部地区农业环境污染的缓解作用明显。中部地区三种农业污染变量人均使用量的贸易依存度（O）系数均为负且显著，贸易开放会减少其农业污染排放。西部地区的贸易依存度系数均为正且显著，与中部地区结论相反。东部地区化肥和农膜的直接贸易效应不显著，农药的直接贸易效应为负。中部地区八省均为我国农业大省，是我国重要的粮食生产基地，化肥和农药的人均使用量均远超全国平均水平。但是与之相反的是，中部地区的贸易依存度也远低于全国平均水平。由实证检验结果可得，农产品贸易开放程度和国际竞争力的提高，对于带动整个中部农业经济和环境的良性发展具有十分重要的现实意义。

（5）东部地区 KLE 显著，中部地区 ERE 显著，西部地区根据污染指标的不同呈现多样化的特点。东部地区三种农业污染变量人均使用量的贸易依存度与相对农业资本劳动比的乘积（ORKL）系数均为负，二次项乘积（$O(RKL)^2$）系数均为正且显著，符合要素禀赋假说的理论预期，

① 在实际生活中，当农业化学品的过量使用等加剧环境污染的技术被推广时，农业环境恶化，会出现技术效应为负的情况。贸易开放不仅仅会带来技术的扩散和转移，它也可以通过经济规模的扩大和贸易保护的削减刺激技术的进步和创新。技术效应的正负性是由一个包含政策影响的环境－技术供需关系决定的：政策制定者、投资者、消费者的要求决定了需求；技术的成本和收益决定了供给。

② 这个结论也反映了用资本劳动比来衡量环境结构效应的不确定性（Dinda，2000），因为资本密集型产业往往与技术密集型产品挂钩，可能拥有更为环保的生产技术。

KLE 会改善东部地区的农业环境。中部地区三种农业污染变量的贸易依存度与相对人均收入水平的乘积（ORI）系数均为正，二次项乘积（$O(RI)^2$）系数均为负且显著，符合污染天堂假说的理论预期，ERE 会加大中部地区的污染排放。由此可见，中部地区需在进一步提高农产品贸易竞争力的同时，制定合理有效的农业环境管理政策。

第四节　分地区农产品贸易环境效应弹性测度

为更好地对实证结果的规模效应、结构效应、技术效应、直接贸易效应和贸易诱发效应进行分析，本小节对全国和分地区的农业环境效应弹性系数进行了测度。弹性系数可以较好地体现污染变量对各影响效应变动的反应程度。

首先，根据表 5 -4 和表 5 -5 的回归结果计算样本在均值处的弹性系数，得到基于全国样本数据的估计结果如表 5 -9 所示：

表 5 -9　基于全国样本数据的弹性估计结果①

弹性系数	化肥	农药	农膜
规模技术效应	0.704 ***	0.585	0.455
结构效应	0.317 ***	0.323 **	0.442 **
直接贸易效应	-1.742 ***	-1.052	-3.288 **
环境管制效应	3.440 ***	2.222	7.704 ***
要素禀赋效应	-0.636 ***	-0.655 ***	-2.098 ***
技术效应	-2.280 ***	-1.807 ***	-2.357 ***

化肥、农药和农膜效应弹性系数的正负性与固定回归结果相一致。化

① 此处弹性系数为样本均值的弹性估计值，即我国所有地区均值的弹性，不同地区存在差异性。技术效应的弹性系数采用强度变量的估计结果，其余效应采用人均变量的估计结果。规模技术效应、结构效应、贸易效应、环境管制效应、要素禀赋效应分别使用人均收入、资本劳动比、贸易依存度、贸易依存度与相对人均收入乘积项、贸易依存度与相对劳动资本比乘积项的弹性系数。技术效应使用人均收入的弹性系数。分地区弹性系数计算方法同上。具体弹性系数回归结果见附表 3，附表 5 和附表 6。

肥、农药和农膜的规模技术效应弹性系数均为正，其中化肥的弹性系数显著。三者的技术效应弹性系数均为负且显著，说明农业技术水平的提高，会降低化肥、农药和农膜的使用强度。综合来看，规模效应对我国农业环境的恶化作用强于农业技术进步对环境的改善作用。从结构效应的计算结果来看，弹性系数均为正且显著，农业资本劳动比每提高1%，化肥、农药和农膜的人均使用量分别平均提高约0.317%、0.323%和0.422%。

从直接贸易效应和贸易诱发效应的弹性估计结果来看，直接贸易效应和KLE会降低我国农业化学品的使用量。ERE的系数为正，说明对于现阶段我国平均人均收入水平来说，农业环境管制仍然较为宽松。三种农业化学投入品中，农膜的弹性数值最大，受贸易影响最为明显。农药直接贸易效应和ERE弹性系数不显著，KLE弹性系数显著，说明贸易对农药人均使用量的影响主要受要素禀赋理论的作用，即贸易会减少劳动力资源丰裕国家的农药使用量。

然后，根据表5-6至表5-8和附表4计算得到分地区弹性系数估计结果如表5-10至表5-12所示：

表5-10　分地区农用化肥弹性估计结果

弹性系数	东部	中部	西部
规模技术效应	-1.677***	1.951	0.902**
结构效应	0.804***	1.099**	-0.215*
直接贸易效应	1.532	-43.569***	6.783***
环境管制效应	0.235	98.617***	-12.904***
要素禀赋效应	-3.112***	-13.123***	-1.640***
技术效应	-2.431***	-4.262***	-1.381*

分地区计算得到的贸易环境效应弹性系数的正负性也与固定回归结果相一致。下面分别从化肥、农药和农膜三方面，按次序对弹性估计结果进行探讨。

（1）农用化肥弹性系数：我国东部地区的规模技术效应弹性系数为负值，说明在东部地区的农业环境中，技术效应占主导地位，人均收入每升高

1%，化肥人均使用量降低约1.68%。中部和西部地区的规模技术效应弹性系数为正值，中部地区的系数不显著。结构效应中，东部和中部地区弹性系数均为正值，中部地区高于东部地区，西部地区为负值。直接贸易效应中，中部农产品贸易开放程度提高会明显改善农业环境，而西部地区则会恶化环境。三大地区技术效应的弹性系数均为负值，东、中、西部地区人均收入每升高1%，会使其化肥使用强度分别降低约2.43%、4.26%和1.38%。中部地区的技术效应最强，说明技术进步对中部地区的环境改善作用最明显。

表5-11　分地区农药弹性估计结果

弹性系数	东部	中部	西部
规模技术效应	2.380***	-1.774	0.925
结构效应	-0.984***	1.017	1.125**
直接贸易效应	5.620***	-47.424***	32.935***
环境管制效应	-10.324***	98.095***	-72.823***
要素禀赋效应	-1.886***	-5.458	3.633***
技术效应	0.289	3.084***	0.309

（2）农药弹性系数：东部地区规模技术效应弹性系数为正，中部和西部地区的规模技术效应不显著。东部地区的结构效应弹性系数为负，资本劳动比每升高1%，农药人均使用量减少约0.98%；西部地区的结构效应弹性系数为正，资本劳动比每升高1%，农药人均使用量提高约1.13%；中部地区不显著。直接贸易效应中，中部地区农产品贸易对环境依然表现为正效应，东部和西部地区为负效应。技术效应方面，东部和西部地区的弹性系数不显著，中部地区为正。

表5-12　分地区农膜弹性估计结果

弹性系数	东部	中部	西部
规模技术效应	-1.000**	1.424***	3.677***
结构效应	1.145***	1.791***	-1.284***
直接贸易效应	2.219	-16.108***	21.057***
环境管制效应	-1.968	37.642***	-40.605***

续　表

弹性系数	东部	中部	西部
要素禀赋效应	-3.838***	-7.777***	0.928
技术效应	-1.986***	-5.581**	0.882

(3) 农膜弹性系数：规模技术效应方面，东部地区弹性系数为负值，说明在东部地区农膜使用中，技术效应占主导地位，人均收入每升高1%，农膜人均使用量降低约1.00%。中部和西部地区的规模技术效应弹性系数为正值，两者均在1%的显著性水平上显著。结构效应和直接贸易效应弹性系数结果同化肥估计结果的正负性和显著水平相似：结构效应中，东部和中部地区的弹性系数均为正值且中部地区高于东部地区，西部地区为负值；直接贸易效应中，中部农产品贸易对环境表现为正效应，西部农产品贸易对环境表现为负效应。在技术效应方面，东部和中部地区人均收入每升高1%，会使其农膜使用强度分别降低约1.99%和5.58%，西部地区的技术效应不显著。

表5-13为全国及各地区E_k效应的正负性统计结果。通过回归结果计算①发现，在统计范围内，贸易开放所带来的直接效应和诱发效应减少了我国中部地区化肥和农膜的人均使用量，对当地环境有改善作用，效应为正；增加了我国东部和西部地区化肥、农药和农膜以及中部地区农药的人均使用量，对其环境产生负面影响，效应为负。就全国范围来说，化肥的E_k效应为正，而农药和农膜的E_k效应为负。

表5-13　全国及各地区E_k效应情况表

E_K	东部	中部	西部	全国
化肥	负	正	负	正
农药	负	负	负	负
农膜	负	正	负	负

① 根据各弹性系数和样本均值计算得到不同污染变量和不同地区的E_k数值，从而对效应的正负性进行判断。

第五节　本章小结

本章通过面板数据回归方法考察了全国及东、中、西三大地区农业环境污染的主要影响因素，从规模、结构、技术和贸易等几方面对我国农产品贸易环境效应进行了探讨，特别是对规模效应和技术效应进行了区分，阐述了对贸易诱发的结构效应中 ERE 和 KLE 对我国环境的影响。主要得到结论如下：

第一，对于我国整体农业环境而言：（1）规模效应对农业环境影响为负，技术效应为正，规模效应的负影响超过了技术效应的正影响，规模效应占主导地位。符合低收入水平国家规模效应占主导，高收入水平国家技术效应占主导的理论预期。（2）我国农业环境污染与农业资本劳动比存在倒 U 型关系，现阶段资本劳动比较低，仍处在拐点之前。资本劳动比的提升会加剧农业环境的污染，结构效应为负。（3）化肥、农药和农膜的直接贸易效应均为正，贸易开放会减少农业化学品的人均使用量，对农业环境改善有积极意义。（4）我国农业环境污染受农产品贸易诱发的 ERE 和 KLE 的双重影响。我国属于农民收入相对较低，劳动力资源相对丰裕的国家，所以 ERE 会增加我国的农业污染排放，KLE 会减少污染排放，改善农业环境。

第二，对于我国东部地区而言：（1）化肥和农膜的规模技术效应为正，出现了技术效应占主导地位的情况。（2）化肥和农膜的结构效应为负，农药的结构效应为正。（3）化肥和农膜的直接贸易效应不显著，农药的直接贸易效应为负。（4）贸易诱发的 KLE 系数符合理论预期且显著，KLE 会减少我国东部农业污染排放，改善农业环境；但是综合直接贸易效应与贸易诱发结构效应的E_k效应为负。

第三，对于我国中部地区而言：（1）化肥规模技术效应的一次项系数不显著，二次项导致的效应为正，技术效应为正，技术效应占主导地位；农膜规模技术效应为负，技术效应为正，规模效应占主导地位；农药的规模技术效应不显著，技术效应为负。(2) 化肥和农膜的结构效应为负，农药的结构效应不显著。(3) 直接贸易效应对中部地区农业污染的缓解作用明显，三种农业污染变量人均使用量的贸易依存度系数均为负且显著，贸易开放会减少该地区农业污染排放。(4) 贸易诱发的 ERE 系数符合理论预期且显著，ERE 会增加我国中部地区农业污染排放，对农业环境产生负面影响；通过综合直接贸易效应和贸易诱发结构效应的E_k效应的计算发现，其地区化肥和农膜的E_k效应为正，农药的E_k效应为负。

第四，对于我国西部地区而言：(1) 化肥和农膜的规模技术效应为负，技术效应为正，规模效应的负作用占主导地位；农药的规模和技术效应均不显著。(2) 化肥和农膜的结构效应为正，农药的结构效应为负。(3) 贸易依存度系数均为正且显著，直接贸易效应为负效应，贸易开放会刺激西部地区的农业污染排放。(4) 贸易诱发的 ERE 和 KLE 系数不显著或不符合理论预期；综合直接贸易效应与贸易诱发结构效应的E_k效应为负。

上述实证结果证实了污染天堂假设和资源禀赋假设在我国农业环境中的存在。我国尚处在农业人均收入和资本劳动比均相对较低的阶段，农产品贸易开放程度的提高对我国农业环境的影响较为复杂，东、中、西三大地区农业发展有着比较鲜明的地域特点。通过本章研究主要可以得到以下政策启示：

第一，借助科技力量改善农业环境。本章实证检验发现，技术效应对我国农业环境有显著的正面影响，充分说明了科技进步对农业环境改善的重大意义。2013 年我国的单位化肥使用量约为 359 公斤/公顷，虽有逐年减少的趋势，但仍远高于 225 公斤/公顷的国际安全标准。农药和化肥的利用率偏低，大概仅在百分之三四十左右，流失的农药和化肥若不加控制地进入水源、土壤中，会对环境造成严重的污染。每年大量“无用”秸秆的焚烧成为我国面源污染的新源头，而在发达国家，依靠科技的进步和创新，秸秆成为新型能源，实现了多种用途。因此，建立完整的科学技术体系是解决农业环境污染问题的根本所在。比如，利用科学技术提高农药和化肥使用效率，控制管理其排放，正确处理和再利用农膜、秸秆以及禽畜粪便等农业循环经济行为的实现，都能在不影响农业经济发展的前提下有效地改善农业环境。在对农业先进技术不断学习、吸收、创新和再创新的过程中，以技术的优化带动整个农业生产结构的升级，大力推进清洁生产和生态农业建设，通过科技手段带来农业经济、生态环境和农民利益的社会效用最大化。

第二，规范农业环境相关的法律法规体系，加强环境监管。本章实证分析结果表明我国农产品贸易诱发的环境管制效应为负效应，会增加农业污染排放。尤其是在农业大省集聚，农业污染问题较多的中部地区，环境管制效应产生的负作用尤为明显。先进国家的经验表明环境法律法规的制定和实施对农业环境质量的管理至关重要。我国也一直致力于环境法规的建设，并逐渐形成了以《宪法》为基础，《环境保护法》为主体的生态环保法制体系。但是关于我国农业的生态环境保护，在立法上还欠缺一个独立完整的法律体系，在执法上缺少必要的强制手段和措施，在法律归责方面许多法律有涉及生态环境保护的禁止性规定但无对应的法律责任规定（戈多，2012）。所以应进一步加强农业环境保护的立法工作，完备执法监督体系，实现从环境监测、治理、保护、监督到惩治和奖励的完整法制管理体系。由解决已污染问题的被动型政策向预防型环境政策过渡，防治并举，以法制建设促进我国农业的可持续发展。

第三，结合各区域特点，制定适合地区发展的贸易和环境政策。通过对我国省级面板数据的实证检验发现，农产品对外贸易对东、中、西部三大地区的影响各不相同，农产品贸易环境效应的区域差异较大。东部农产品贸易开放程度远超中部和西部地区，人均收入为中部和西部地区的两倍左右，所以应在稳固自身外贸基础的前提下，充分发挥地缘优势，积极参与国际分工，集中发展深加工和高附加值的出口创汇型农产品，大力推动区域性和全球性的农产品贸易合作的展开。同时，应在不断提高自身农业环境技术创新能力的前提下，积极开展对外合作，帮助促进国外先进农业技术在我国其他区域的引进和扩散。中部涵盖地区多为农业大省，农业产值最高，是我国重要的粮食生产基地。因此，需在保证我国农产品供给的情况下，不断优化产业结构，提高农产品出口竞争力，加快自身农产品贸易的发展。西部地区生态环境较为脆弱，对环境保护的要求更高，应在保障生态质量的基础上，利用其气候特征和自然资源特点，发展特色农业，实现农民利益最大化。中部和西部地区的农业环境技术水平相对比较落后，导致目前所掌握的相关技术对环境发挥的正面影响有限，尤其是平均农业产值最高的中部地区，是农业污染治理的重点。这些地区可以优先发展一批试点单位和示范区域，通过发达地域的辐射作用带动整个地区的农业环境质量改善。

第六章　我国农产品贸易与农业环境的协调度研究

可持续发展战略自20世纪80年代被提出以来，在全世界范围内得到广泛关注。可持续发展中的核心议题是经济发展与环境保护之间的协调发展问题。我国作为世界最大的发展中国家义不容辞地承担起推行可持续发展战略的重任，并在环境保护等许多方面取得了一系列举世瞩目的成就和进展。鉴于我国农产品贸易的重要地位和社会大众对农业生态环境重视程度的日益提高，关于农产品贸易与农业环境协调发展的探讨对我国农业经济可持续发展战略的全面推进具有非常重要的意义。国务院在2015年初发布的中央一号文件中指出“如何在资源环境硬约束下保障农产品有效供给和质量安全、提升农业可持续发展能力，是必须应对的一个重大挑战。”

对于农产品贸易和农业环境问题的研究最终要落到两者的协调发展这一关键议题上。在此背景下，本章的研究目的是希望解决以下三个主要问题：1. 我国农产品贸易与农业环境是否协调发展？协调程度如何？2. 近年来我国农产品贸易与农业环境的协调度水平呈现何种趋势特点？造成这种趋势的主要原因是什么？3. 协调度的研究分析结果对我国的农产品贸易和农业环境政策有何启示？

为解答上述问题，本章首先构建了农产品贸易指标和农业环境指标，并通过主成分分析方法对指标进行评估；然后利用协调度模型，计算出1997年到2013年我国农产品贸易发展水平与农业环境之间的协调系数和动静态协调度；最后通过对协调趋势的分析，归纳其特点和成因，为相关政策建议提供依据。

第一节　我国农产品贸易与农业环境的协调度计算

一、协调度的概念和主要计算方法

协调度是一种可以用来衡量事物之间的和谐发展程度的定量指标。农产品贸易与农业环境的协调度研究能直观刻画出两者之间的互动关系和动态变化。农产品贸易的迅速发展，可能会以牺牲生态环境质量为代价。比如，农产品需求和供给的扩大，造成农业化学品使用量激增、禽畜粪便废弃物处理不当、秸秆大量燃烧等问题，导致对大气、水源及土地的污染。而农业面源污染的日益严峻最终会反过来抑制农业经济和贸易发展，使人类蒙受巨大的经济损失。

从另一方面来讲，农产品贸易和农业环境之间的良性促进作用也能优化贸易和环境本体，使两者达到最优组合，实现效用最大化。农产品贸易的迅速发展会带来环境治理技术的革新，如农药化肥的单位使用率和秸秆的再利用率的提高、禽畜粪便的无害化处理等。生态环境的重要性会使人们认识到应该在不破坏农业生态环境的前提下，保持农业经济贸易的健康发展。在现实生活中，协调度分析方法还广泛应用于经济、管理、生态环境和地理等领域的相关研究中。以贸易发展和环境之间的协调关系为例，主要的协调度计算方法有以下几种：

（一）传统模型①

最常见的协调度计算公式为：

$$C_{xy} = \frac{x + y}{\sqrt{x^2 + y^2}} \tag{6.1}$$

其中，C_{xy}为贸易－环境协调度，x 表示贸易发展速率，y 表示环境承载力的变化速率。由上式看出，C_{xy}的取值范围为［－1.414，1.414］。当

① 参考张晓东和池天河（2001）。

C_{xy}为1.414时，贸易增长，环境承载力提高，并且两者的变化速率一致，达到一种理想的完全协调状态。C_{xy}在1和1.414之间时，贸易增长，环境承载力提高，但是两者变化速率不一致。在现实生活中，通常表现为贸易增长速度高于环境承载力提高速度。此时，我们仍将其判定为一种协调状态，根据具体结果的不同又可划分为较协调，一般协调等。C_{xy}取1或者在0和1之间时，通常表现为，贸易增长，而环境承载力停滞或下降，但是贸易增长速度高于环境承载力的下降速率。这种情况常常出现在经济起飞的初期，此时认为两者处在一种相互适应、克服摩擦的调和的状态。C_{xy}小于等于0时，通常表现为环境承载力的下降速率超过贸易增长，或贸易发展和环境承载力均出现停滞或倒退的状态，此时判定两者处于一种不协调的非良性发展状态。

表6-1　协调度等级划分

<table>
<tr><th>C_{xy}</th><th>X系统和y系统取值</th><th>协调度</th></tr>
<tr><td>1.414</td><td>x>0，y>0，x=y</td><td>完全协调</td></tr>
<tr><td>(1，1.414)</td><td>x>0，y>0，x不等于0</td><td>协调</td></tr>
<tr><td>1</td><td>x>0，y=0 or x=0，y>0</td><td rowspan="2">调和</td></tr>
<tr><td>(1，0)</td><td>x>0，y<0，|x| > |y| or x<0，y>0，|x| < |y</td></tr>
<tr><td>[0，-1)</td><td>x>0，y<0，|x| < |y| or x<0，y>0，|x| > |y|</td><td rowspan="3">不协调</td></tr>
<tr><td>-1</td><td>x<0，y=0 or x=0，y<0</td></tr>
<tr><td>(-1，-1.414]</td><td>x<0，y<0</td></tr>
</table>

资料来源：作者根据（6.1）式计算整理得到。

此种协调度方法计算简便，结果直观易懂，但是没有在整体上判定考察对象的趋势变化，在判定范围的具体划分上随意性比较强，没有一个严格统一的标准。

（二）改良模型①

改良后的模型计算公式为：

① 参考Li Xiaokun（2007）。

$$C=\left[\frac{4xy}{(x+y)^2}\right]^k \tag{6.2}$$

其中，x为贸易指标，y为环境指标，C为协调度，K为调节指数。当K取偶数时，$0\leqslant C\leqslant 1$，K越大，C的取值越离散。通常令K=2，此时当x=y时，C=1；当x无限趋近于-y时，C趋近于0。这个模型反映了在一定条件下，同期贸易指标和环境指标的发展变动情况及相互关系。C越接近1，两者协调性越好，C越接近0，两者协调性越差。通常根据实际情况将C在0到1之间的取值划分为几个等级，定义为极度失调，中度失调，濒临失调，勉强协调，比较协调，高度协调等。

此模型与传统模型相比，将协调度的范围改进到0和1之间，但其基本原理与传统模型一致，并没有从本质上改进传统模型的不足。

（三）协调系数模型

协调系数的计算公式为：

$$W_{xy}=e^{[-k(x-x)^2]} \tag{6.3}$$

$$W_{yx}=e^{[-k(y-y)^2]} \tag{6.4}$$

同样，x表示贸易指标，y表示环境指标，W_{xy}表示贸易对环境的协调系数，W_{yx}表示环境对贸易的协调系数，k为调节系数，取正数。具体方法为建立x和y的回归方程，以求W_{xy}为例，假设x=a+by，通过回归拟合分析得到回归系数b和残差a。再根据a和b，算出实际值x与拟合值x′的差x-x′。通过对指数函数的分析可得W_{xy}在0和1之间取值，实际值越偏离拟合值，W_{xy}越趋近于0，协调性越差；实际值越接近拟合值，W_{xy}越接近于1，说明贸易对环境的协调性越好。为分散W的取值，通常设定$k=\frac{n}{S^2}$，S^2为x系统的方差，n>1。

协调系数模型通过定量计算为使y指标的发展与x指标相匹配，y系统应达到的发展值与y系统实际观测值的之间差异的方法，分别描述了y对x的协调性和x对y的协调性。其优点是能在贸易指标和环境指标统一发展趋势的基础上，更加合理地表达两者间的协调关系。缺点是未能将两指标放置于一个系统下进行比较，在实际应用中有一定的局限性。

（四）动静态协调度模型[①]

其中，静态模型的计算公式为：

$$C_j = \frac{min\ (W_{xy},\ W_{yx})}{max\ (W_{xy},\ W_{yx})} \tag{6.5}$$

动态模型的计算公式为：

$$C_d(t) = \frac{1}{T}\sum_{i=0}^{i=T-1} C_j(t-i) \tag{6.6}$$

C_j为 x 和 y 系统的静态协调度，W_{xy}和W_{yx}分别表示贸易对环境的协调系数以及环境对贸易的协调系数。C_d（t）为 x 和 y 的动态协调度，取包含本期的 T 期静态协调度的平均数为本期动态协调度。若$t_2 > t_1$，C_d（t_2）> C_d（t_1），说明两系统的协调度即使在个别年间有所波动，但整体仍处在协调发展的趋势上。

此种方法在协调系数模型的基础上，将贸易和环境指标分别对应的协调系数置于同一个比较体系下，纵向比较协调度的动静态变化。通过对比分析上述方法的优缺点，本书选取协调系数模型和动静态协调度模型，通过计算农产品贸易对农业环境的协调系数、农业环境对农产品贸易的协调系数、两指标间的静态协调度和动态协调度来探讨农产品贸易与农业环境之间的协调关系。

二、农产品贸易指标和农业环境指标的建立与度量

为深入探讨我国近年来农产品贸易发展和农业环境变化的协调关系，本章分别构建农产品贸易指标和农业环境指标。农产品贸易指标由反映经济水平、经济结构、对外贸易水平和投资水平的四大类六小项统计数据构成。农业环境指标由反映环境污染、环境治理和环境质量的三大类十一小项统计数据构成。数据选取范围为 1997 年到 2013 年的全国数据。

① 协调系数模型和动静态协调度模型主要参考桑秋等（2008）。

表 6-2　农产品贸易和农业环境指标

农产品贸易指标	经济水平	农林牧渔业总产值
		农村居民实际人均纯收入
	经济结构	农业占 GDP 比重
	对外贸易水平	农产品出口
		农产品进口
	投资水平	农林牧渔业实际利用外商直接投资金额
农业环境指标	环境污染	农用化肥单位面积施用折纯量
		农药单位面积使用量
		农用塑料薄膜单位面积使用量
		畜禽粪便排放量
		秸秆产量
	环境治理	沼气池产气量
		水土流失治理面积
		治涝面积
		堤防保护耕地面积
		造林面积
	环境质量	水库容量
		自然保护区面积
		受灾面积

（一）农产品贸易指标

农产品贸易发展指标具体由农林牧渔业总产值、农业占 GDP 比重、农村居民实际人均纯收入、农产品进出口数据和农林牧渔业实际利用外商金额构成。

其中，农业占 GDP 比重为历年农林牧渔业总产值所占相应年份的国内生产总值的百分比。农林牧渔业总产值、国内生产总值和农林牧渔业实际利用外商直接投资金额均来自国家统计局官方网站的年度数据。农村居民实际人均纯收入为农村居民人均纯收入剔除以 1997 年为基期的农村居民消费价格指数。农村居民人均纯收入数据来自《中国农村统计年鉴 2014》。

以1997年为基期的农村居民消费价格指数根据国家统计局网站数据计算而得。农产品进出口数据来源参照本书第四章。

（二）农业环境指标

农业环境指标具体由农用化肥单位面积施用折纯量、农药单位面积使用量、农用塑料薄膜单位面积使用量、畜禽粪便排放量、秸秆产量、沼气池产气量、水土流失治理面积、治涝面积、堤防保护耕地面积、造林面积、水库容量、自然保护区面积和受灾面积构成。其中，农用化肥单位面积施用折纯量、农药单位面积使用量、农用薄膜单位面积使用量、畜禽粪便排放量、秸秆产量、水土流失治理面积、治涝面积、水库容量和受灾面积的数据来源参照本书第四章。其余数据中，堤防保护耕地面积、造林面积和自然保护区面积来自国家统计局网站的年度数据；沼气池产气量来自历年《中国农村统计年鉴》。

获取数据后，由于各类型数据量纲不同，为把不同单位数据统一到同一体系下，对所有数据进行归一化处理，把有量纲量变为无量纲量。归一化处理后，将农用化肥单位面积施用折纯量、农药单位面积使用量、农用塑料薄膜单位面积使用量、畜禽粪便排放量、秸秆产量和受灾面积这六个对环境产生负效应的指标做负向化处理，取负值。因统一的系数不影响主成分分析提取的数据，所以忽略农药化肥流失率、地膜残留率、秸秆再利用率等系数的影响。

由于农产品贸易与农业环境受多个因素变量的影响以及变量之间也存在一定的相关关系，这就增加了进行协调度研究的复杂性。我们希望解释变量的个数较少而信息的损耗较少。在很多情形下，当变量之间存在相关关系时，一般可以认为这些变量在反映相关的信息时有一定的重叠性。主成分分析研究多个变量间的相关性，讨论如何通过较少的几个保存原有信息较多的成分来分析多个变量间的内部结构，也就是说从原始变量中导出少数几个主成分，使它们尽可能多地保留原始变量的信息，且彼此之间互不相关。基于以上原因，本章采用主成分分析方法，对预处理后的数据的特征信息进行提取。

面向 1997 年至 2013 年的数据，以每年的相应数据作为样本，使用 Matlab 计算得到农产品贸易指标和农业环境指标主成分对应的方差贡献率，结果如表 6－3 所示。根据表 6－3 中的数据，对农产品贸易指标进行主成分提取以后，当选取前三个主成分时，其对应的累积百分比为 99.75%，这说明前三个主成分包含了 99.75% 的信息量。所以在消除变量相关性、减少变量个数及保留尽可能多信息的原则下，本书中选取三个主成分作为变量对农产品贸易指标进行解释。与之相对应，在农业环境指标主成分提取后，选择前四个主成分进行分析，前四个主成分包含了解释该指标的 98.51% 的信息。

表 6－3　农产品贸易指标与农业环境指标的主成分分析结果

成分	贸易指标初始特征值			环境指标初始特征值		
	特征值数值	方差百分比	累计百分比	特征值数值	方差百分比	累计百分比
1	6037.238	92.69%	92.69%	10745.959	80.48%	80.48%
2	263.558	4.05%	96.74%	1523.020	11.41%	91.89%
3	195.966	3.01%	99.75%	568.814	4.26%	96.15%
4	7.884	0.12%	99.87%	315.361	2.36%	98.51%
5	4.818	0.07%	99.94%	113.353	0.85%	99.36%
6	3.602	0.06%	100%	37.940	0.28%	99.64%
7				25.789	0.19%	99.83%
8				9.845	0.07%	99.90%
9				7.597	0.06%	99.96%
10				2.871	0.02%	99.98%
11				1.729	0.01%	99.99%
12				0.362	0.003%	100%
13				0.137	0.001%	100%

确定了主成分的个数后，将历年的数据向选取的主成分进行投影，得到对应各个主成分的系数。然后将各年的系数进行对应主成分的方差百分比加权，得到农产品贸易指标和农业环境指标的综合得分。为更直观地显示得分状况，将原得分转化为百分制得分，结果如表 6－4 所示：

表 6-4　农产品贸易指标和农业环境指标的综合得分

年份	农产品贸易指标		农业环境指标	
	综合得分	百分制得分	综合得分	百分制得分
1997	-81.688	0	-129.728	0
1998	-79.630	1	-115.922	6
1999	-73.182	4	-99.049	13
2000	-65.693	7	-91.075	16
2001	-55.502	12	-73.555	23
2002	-46.373	16	-48.818	34
2003	-38.037	20	-37.152	38
2004	-27.331	25	-13.919	47
2005	-26.613	26	0.183	54
2006	-16.799	30	24.356	64
2007	6.756	41	40.317	70
2008	29.553	52	60.224	79
2009	38.395	56	70.483	83
2010	74.907	73	88.245	90
2011	104.777	87	102.436	96
2012	123.848	96	111.274	100
2013	132.613	100	111.697	100

三、协调度计算方法的选取与评估

设定调节系数为 $k=\frac{2}{S^2}$，x 为农产品贸易指标，y 为农业环境指标。通过回归分析和假设检验，得到 $y=1.102x$，$x=0.819y$。根据本章第一节一中的协调系数模型和动静态协调度模型，计算得到农产品贸易对农业环境的协调系数、农业环境对农产品贸易的协调系数、农产品贸易和农业环境的静态协调度和动态协调度数值，如表 6－5 所示：

表 6－5　协调系数与动静态协调度

年份	农产品贸易对农业环境的协调系数	农业环境对农产品贸易的协调系数	静态协调度	动态协调度
1997	0.831	0.787	0.947	0.947
1998	0.930	0.886	0.953	0.950
1999	0.981	0.950	0.968	0.956
2000	0.976	0.948	0.972	0.960
2001	0.993	0.977	0.984	0.965
2002	0.988	0.999	0.988	0.969
2003	0.982	0.996	0.986	0.971
2004	0.925	0.961	0.962	0.970
2005	0.802	0.876	0.916	0.964
2006	0.660	0.756	0.873	0.955
2007	0.809	0.848	0.953	0.955
2008	0.887	0.890	0.996	0.958
2009	0.891	0.886	0.994	0.961
2010	0.998	0.995	0.997	0.964
2011	0.874	0.975	0.897	0.959
2012	0.719	0.908	0.792	0.949
2013	0.594	0.835	0.711	0.935

第二节　我国农产品贸易与农业环境协调度的结果分析

一、协调度的趋势呈现

（一）农产品贸易和农业环境持续正向发展

从我国农产品贸易指标和农业环境指标的变动来看，两者都处在持续增长的阶段，总体势头较好。农产品贸易指标的增长速度有一定的波动性：在 1997 年至 2013 年间，出现了两次快速增长阶段，分别是 2006 年到 2008 年，以及 2009 年到 2012 年；而在 2004 到 2006 年间增长较为缓慢。我国农业环境指标呈连年持续增长状态，增长速度较为稳定，说明我国农业环境的发展情况良好，一直处在稳步改善的过程中。但是在 2012 年到 2013 年，我国农业环境指标的增长率不足 0.4%，基本接近于零增长，增长速率大幅放缓。

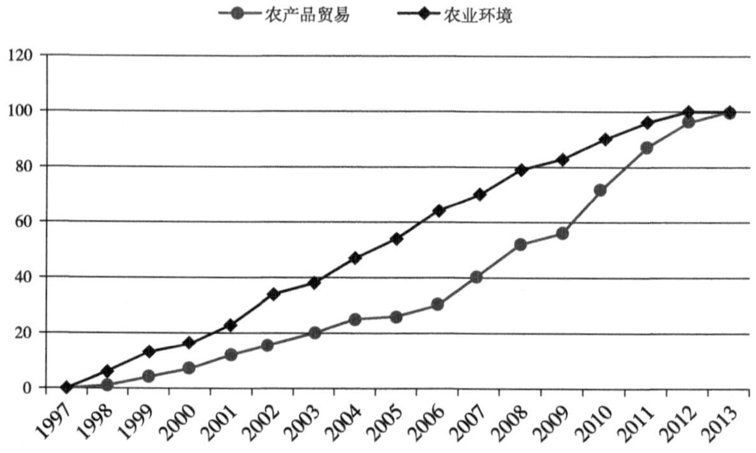

图 6 -1　农产品贸易指标和环境指标的百分制综合得分

资料来源：作者根据本章计算结果绘制得到。

（二）协调系数呈“M 型”变化特征

我国农产品贸易对农业环境的协调系数和农业环境对农产品贸易的协调系数均呈“M 型”变化趋势。贸易对环境的协调系数最低值为 0.594，此系数整体呈周期性波动：第一阶段在 2001 年达到峰值，在 2006 年达到第一个谷底；第二阶段在 2010 年达到峰值，之后又呈现出逐年下降的状态，在 2013 年达到第二个谷底。环境对贸易影响的协调系数均在 0.75 以上，整体略高于贸易对环境的协调系数，说明农业环境对于农产品贸易的协调程度较好。此系数同样呈现周期性变化：第一阶段在 2002 年达到峰值，之后逐年下降，在 2006 年达到最低值；第二阶段在 2010 年达到峰值，之后又呈现出下降的状态。可以看出，环境对贸易协调系数的变化趋势以及峰值、谷底出现的年份与贸易对环境协调系数的相关趋势特征基本一致。

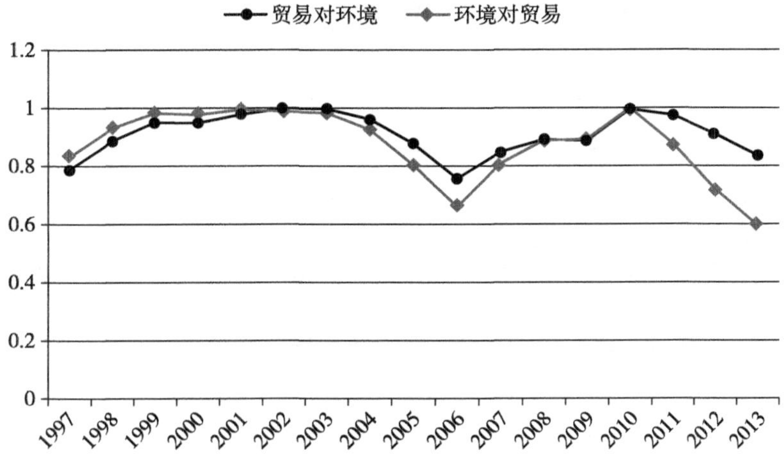

图 6－2 农产品贸易和农业环境的协调系数

资料来源：作者根据本章计算结果绘制得到。

（三）动静态协调度近年走低

我国农产品贸易与农业环境的静态协调度在本章样本数据的大多数年份都位于 0.9 以上，表现出非常好的协调性。在 2006 年、2011 年、2012 年和 2013 年，其静态协调度低于 0.9，出现了波动性的负增长。主要可分为以下三个阶段：第一阶段为 1997 年到 2002 年呈现持续稳定的小幅增长；第二阶段为 2003 年到 2010 年呈“U 型”变化，2006 年达到谷底；第三阶段为 2011 年到 2013 年，三年持续下跌。其中，在 2013 年达到统计时间范围内静态协调度的最低值 0.711。我国农产品贸易与农业环境的动态协调度因其本身计算方式的缘故，与静态协调度相比具有平滑性和滞后性的特点。1997 年到 2013 年的动态协调度都位于 0.9 以上，整体动态协调性较好。2010 年前较为平稳，偶有波动；2010 年后，连续三年下降，降幅与之前相比略大。动态协调度没有呈现出逐年递增的状态，说明其整体并未处在协调发展的大趋势上。

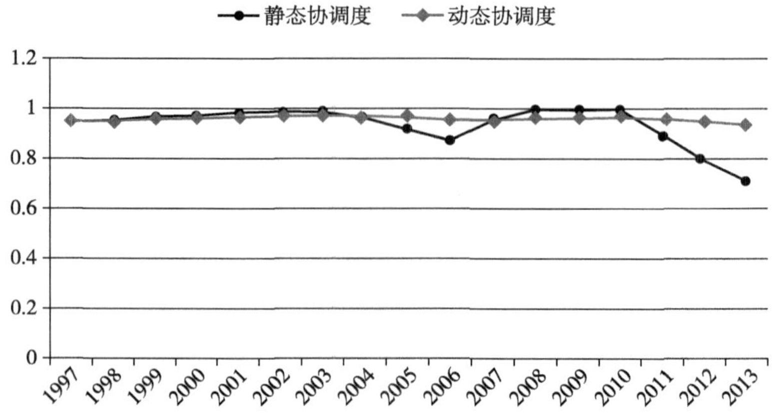

图6－3　农产品贸易和农业环境的动静态协调度

资料来源：作者根据本章计算结果绘制得到。

二、成因分析

我国在2004年由农产品贸易顺差国转变为农产品贸易逆差国，农产品进口额超过出口额，之后一直保持逆差不变，且逆差额在近几年有逐渐扩大额趋势。造成农产品贸易逆差的原因有很多，除禽流感爆发等不可抗力因素外，其中一个重要原因是我国加入WTO所带来的农产品贸易开放程度的提高。我国在加入WTO的农业谈判中承诺，到2004年农产品关税率会降至18%左右，其中，对美国所关注的86项产品关税，由谈判时的平均税率30.8%减让到14.5%（刘志澄，2002）。农产品贸易逆差的出现，改变了我国的农产品进出口格局，加剧了农产品价格波动，短时间内对农业经济和农民的福利水平造成一定冲击，导致我国农产品贸易指标在2004年后增长速率明显放缓。根据Copeland和Taylor（1994）提出的南北贸易模型理论，我国农产品进口大于出口会将生产农产品带来的环境污染由我国转移到国外农产品顺差国家，促使我国农业环境得到改善，农业环境指标快速上涨。农产品对外贸易发展和农业环境的不平衡加上随之而来的滞后效应，使得贸易和环境的双向协调系数以及静态协调度在2003年后一路走低，并在2006年到达谷底。

2006年我国全面取消农业税，农民收入增长，生活水平改善，农业专业化程度提高，农产品贸易增长速度加快。此外，2008年北京奥运会提倡的“绿色奥运”理念也为我国环境带来积极影响，促进了经济贸易和环境的和谐统一。贸易与环境调节系数以及静态调节度在2006年后反弹上升，并在2009年和2010年达到峰值，很好地反映了这一时期的政策特点。但是，在2009年和2010年后，两者的协调系数和协调度均出现新一轮的下跌，造成这一现象的主要原因是这段时间贸易投入和环境投入的不匹配。为满足我国农产品的刚性需求，提高农产品的国际竞争力，随着我国一系列农业激励政策的出台，农产品贸易指标在2010年后又进入高速增长阶段，增长速度高于农业环境指标的增长速度，且两者差距逐年拉大。

第三节　本章小结

本章研究表明我国农产品贸易发展与农业环境保护不是两个相悖的主题。在正确的政策指导和健康的经济环境下，可以实现农产品贸易和农业环境的高度统一和有机结合，为了经济发展牺牲环境质量或者为了保护环境而减缓经济发展都是不可取的。根据1997年至2013年我国农产品贸易与农业环境的数据分析结果来看：两者整体协调度较高但存在阶段性波动；2010年以后协调系数和动静态协调度均出现明显下降趋势，农产品贸易的发展速度高于农业环境的改善速度，且差距逐年拉大。在工业化初期阶段，高经济增长往往伴随着高污染，而在工业化后期，经济与环境会进入一个相互协调的良性发展时期。鉴于现阶段我国农产品贸易与农业环境的整体协调度较高，认为两者只是处于短时间“顾此失彼”导致的周期性协调度下降阶段，并未倒退至以牺牲环境为代价促进经济发展的初期模式。但是2012年至2013年我国农业环境指标约为零增长，静态协调度由先前0.95以上的平均值降至0.7左右，可设想若一味刺激农产品贸易发展而忽略农业环境保护，必将造成环境治理的停滞不前甚至生态环境的恶化，反过来抑制农产品进出口贸易的发展。

通过我国农产品贸易与农业环境的协调度分析可得出以下相关政策建议：

第一，在大力开展农产品贸易的同时，应出台一系列配套的农业环境措施来保证贸易与环境的和谐发展。应在保证生态环境和产品质量安全的前提下，促进对外贸易的健康发展；在积极拓展出口渠道的同时，提高农产品市场准入程度，全面加强对外开放水平；在大力开展对外贸易的过程中，秉持的人与自然和谐共荣的理念原则，将现代化农业建设纳入科学发展的正轨。坚决贯彻“在保护中发展，在发展中保护”的思路，努力提升农产品贸易与农业环境的协调发展程度，实现两者的双赢。

第二，提高大众尤其是农村居民的环保意识，改善软环境质量。集腋成裘，聚沙成塔，个人行为对整个环境的影响不容小觑。软环境建设周期长、见效慢，但是随着社会意识的养成能带来持久的回报。目前我国农业环保相关的法律体系还不健全，在实际生活中也很难对个体的不文明行为进行制裁。大众环境意识和环保参与度较低，甚至会出现为一己私利肆意破坏环境的行为。相关部门应积极在农村开展环保教育文化活动，向居民普及环保知识和农业实际操作中的环保技巧。另外，还应完善农村沼气池、太阳能、饮用水安全工程等建设，提高农村人居环境，使居民深刻认识到环境的外部效应与其个人利益息息相关。

第七章　结论和政策启示

入世十多年以来，我国已成为全球主要的农产品出口国和进口国，农产品贸易的发展为提高农民收益、巩固农业基础地位和维护政治经济安全发挥了至关重要的作用。但是随着农业现代化建设的飞速发展和农产品贸易开放程度的不断提高，我国农业生产呈现出高投入、高能耗、高污染的态势，引发了地下水污染、水体富营养化、土壤结构破坏、农产品安全质量不合格等一系列农业环境问题。在农产品贸易自由化呼声越来越高，农业面源污染问题日益凸显的今天，关于农产品贸易与农业环境效应的研究对我国农业生产的可持续发展意义重大。

基于上述背景，本书首先从根本上阐述了农产品贸易与农业环境的相互作用机制，并对开放贸易下的农业环境政策以及与环境相关的农产品贸易政策进行了理论分析。然后，以 VAR 模型为基础，通过协整检验、因果检验、脉冲响应函数和方差分解等方法分别考察我国整体农产品贸易、出口贸易和进口贸易与农业环境之间的动静态关系。同时，通过固定效应模型和似不相关回归方法，比较分析我国全国整体、东部、中部和西部地区的农产品贸易环境效应和弹性系数。最后，利用主成分分析方法和协调度模型，对我国农产品贸易发展水平与农业环境之间的协调程度进行评估。

本章为全文研究总结和政策启示部分。首先对本书理论研究和经验研究的所得结论进行概括性总结；然后根据主要研究结论，对如何在健康发展农产品贸易的同时更好地保护我国农业环境这一问题的政策启示进行阐述；最后对未来可能的研究方向做出展望。

第一节　研究结论

本书的研究结论主要有以下几个方面：

第一，农产品贸易环境效应的正负性取决于现实生活中的集体和个体行为以及国家能否结合自身情况采取合理有效的经济环境政策。通过建立开放经济条件下的农产品贸易环境一般均衡模型发现：农业污染排放水平受农业生产规模、生产结构、环境技术、贸易壁垒、世界市场价格、消费者人口和真实人均收入等因素的影响；农产品贸易开放程度的提高可以通过规模效应、结构效应、技术效应、收入效应和外部效应对农业环境产生影响。

第二，农业相关的环境政策和贸易政策对农产品贸易与农业环境的调整具有灵活多样的特点。通过对开放贸易条件下，农业环境政策和贸易政策的分析发现：在采用固定农业环境质量管理标准限制的情况下，贸易开放会使对清洁农产品有比较优势的国家农业环境改善，而使对污染密集型农产品有比较优势的国家农业环境污染加剧；如果实施固定农业排污权或污染配额等政策，贸易开放对农业环境的影响可以忽略不计；如果采用最优农业污染税或最优农业排污权等弹性农业环境政策，贸易开放使污染密集型产品进口国的农业环境得到改善，而对于污染密集型产品出口国来说，环境的改善或恶化取决于该国农民收入对农业环境污染损失的弹性大小；从长期来看，合理的农业绿色壁垒可能产生技术模仿替代效应，从而对发展中国家环境技术进步产生激励作用；以环保为名，通过绿色壁垒对发展中国家实施贸易限制，会给技术水平较低的农产品出口企业带来诸多不利影响；农业绿色补贴的合理利用可以帮助企业克服进口国的环境标准限值，实现农业污染外部效应的内在化。

第三，我国农产品贸易与农业环境在长期和短期均存在一定的均衡关系和双向动态影响。根据我国农产品贸易和农业环境变量的时间序列分析发现，我国农产品贸易依存度与大部分农业污染变量的增多存在长期正向关系，与环境质量的提升存在长期负向关系。脉冲响应分析得到的短期结果与长期结果相似，即农产品贸易依存度的提高会加剧环境的污染。对于出口和进口贸易来说，在长期中，农产品对外出口与多数农业污染物存在负的协整关系，对外进口与多数污染物存在正的协整关系。在短期中，出口贸易增长会对环境产生负面影响，加剧环境污染的排放；农业污染变量的增加会阻碍出口的发展，而环境的改善会促进出口的发展；进口贸易的增长会导致环境污染量的增多，但同时使水土流失等其他环境质量指标得到改善。

第四，我国农产品贸易对农业环境的影响程度强于农业环境对农产品贸易的影响程度。对满足协整条件的农产品贸易和农业环境变量关系进行格兰杰因果检验发现：农产品贸易相关变量为大多数农业环境变量的格兰杰因；另有约 1/3 的检验结果得出农产品贸易与农业环境互为因果的结论；农业环境为农产品贸易格兰杰因的结果主要体现在环境对进口贸易的影响上面。方差分解分析结果得到与格兰杰因果检验结果基本相符的结论，大部分农产品贸易变量对农业环境变量预测方差的解释力要强于环境变量对贸易变量的解释力。但从总体分析结果来看，农业环境对农产品贸易存在一个反向调节的趋势，即环境改善会提高农民收入并促进农产品贸易发展，而环境污染会降低农民收入并抑制农产品贸易发展。

第五，我国整体面板数据的农产品贸易环境效应回归结果证实了污染天堂假设和资源禀赋假设在我国农业环境中的存在。从全国数据的估计结果来看：规模效应为负效应，技术效应为正效应，规模效应的负面影响超过了技术效应的正面影响，规模效应占主导地位；农业环境污染与农业资本劳动比存在倒 U 型关系，现阶段资本劳动比较低，仍处在拐点之前，因此，资本劳动比的提升会加剧农业环境的污染，结构效应为负；化肥、农药和农膜的直接贸易效应均为正，贸易开放会减少农业化学品的人均使用量，对农业环境改善有积极意义；农业环境污染受农产品贸易诱发的 ERE 和 KLE 的双重影响，ERE 会增加我国的农业污染，而 KLE 则会减少农业污染，实证结果证实了污染天堂假设和资源禀赋假设在我国农业环境中的存在。

第六，分地区环境效应估计结果大致与理论预期和全国数据结果相符。通过地区间的横向比较发现，不同地区的环境效应差异较大，地域特征明显。在规模技术效应方面，中西部地区规模技术效应基本为负，东部地区化肥与农膜的规模技术效应为正，说明在中西部规模效应占主导地位，而在经济较发达的东部地区，技术效应占主导地位。在技术效应方面，三大地区大多表现为正效应，说明技术进步是污染治理的有效手段。在结构效应方面，针对不同地区不同污染物的结构效应回归结果差异较大。在直接贸易效应方面，对外贸易对中部地区农业污染的缓解作用明显，化肥、农药和农膜人均使用量的贸易依存度系数均为负且显著，贸易开放会减少农业污染排放；西部地区的贸易依存度系数均为正且显著，与中部地区结论相反；东部地区化肥和农膜的直接贸易效应不显著，农药的直接贸易效应显著为负。在贸易诱发的结构效应方面，东部地区 KLE 显著，中部地区 ERE 显著，西部地区根据污染指标的不同呈现出多样化的特点。

第七，我国农产品贸易与农业环境的整体协调度较高，但在近年呈现明显的下降趋势。通过对协调度的评估结果发现，在正确的政策指导和健康的经济环境下，农产品贸易与农业环境可以达到相互促进的良性发展状态。从近年我国农产品贸易指标和农业环境指标的整体变动来看：两者都处在持续增长的状态，总体势头较好；整体协调度较高但存在阶段性波动；2010 年以后协调系数和动静态协调度均明显下降，对外贸易的发展速度高于环境的改善，且差距逐年拉大，两者处于短时间“顾此失彼”导致的周期性协调度下降阶段；2012 年到 2013 年环境指标约为零增长，静态协调度下降幅度较大。

第二节　政策启示

根据以上研究结论，可以得到一些有益于我国农产品贸易发展和农业环境保护的政策启示，下面分别从农产品对外贸易政策和农业环境政策两方面进行阐述。

关于农产品对外贸易政策的启示，主要有以下几个方面：

一是通过对我国农产品贸易和农业环境的时间序列分析发现，我国农产品出口贸易与多数农业污染变量的增多存在负向关系。我国在小麦、玉米、水稻、食用油籽和棉花等资本密集型农产品的生产上不具有比较优势，近年来出口下降而进口上升；在果蔬、花卉、水产品等劳动密集型农产品的生产上有比较优势，近年来出口上升。果蔬花卉等相较于粮食作物来说属于“清洁产品”，由南北贸易模型理论可得，“清洁产品”出口国的污染排放将降低，这与本书的实证检验结果相符。因此，借助我国的比较优势，以市场为导向，扩大劳动密集型农产品的生产和出口，增加资本密集型农产品的进口有助于我国农业环境的改善和农业经济的发展。

二是由绿色补贴的理论分析证明，农业绿色补贴可以帮助农产品生产者调节生产中的负外部效应，获得更清洁的生产技术，克服进口国环境质量标准限值。因此，合理运用“绿箱”政策①，有针对性地对部分农产品生产企业进行绿色补贴，有助于发展中国家农产品企业国际竞争力的提升和国际市场份额的扩大，同时也对农业环境水平和社会整体福利水平的改善有所帮助。“绿箱”政策是WTO成员国进行农业支持和环境保护的重要手段，应在遵循WTO规则的前提下，对其进行合理运用，加大支持力度，优化政策结构，切实维护农民利益。

三是根据我国省级面板数据的实证检验结果发现，农产品对外贸易对东中西部三大地区的影响各不相同。贸易对东部和西部农业环境主要产生负面影响，而对中部农业环境主要发挥正面影响。因此，在推进中部地区对外贸易的同时，应保证东部和西部地区农业环境与农产品贸易发展的和谐一致，致力于实现地区间经济进步与生态建设的平衡。东部地区经济发

① 根据《农业协议》，“绿箱”政策包括11项措施：（1）政府一般性服务，包括：农业科研、病虫害控制、培训、推广咨询服务、检验服务、农产品市场促销服务、农业基础设施建设、其他一般性服务；（2）粮食安全储备补贴；（3）粮食援助补贴；（4）与生产不挂钩的收入补贴（收入稳定计划）；（5）收入保险计划；（6）自然灾害救济补贴；（7）农业生产者退休补贴；（8）农业资源储备补贴；（9）农业结构调整投资补贴；（10）农业环境保护补贴；（11）区域援助计划（扶贫支出）（钱克明，2003）。

达，农产品贸易开放程度和农民收入水平较高；中部地区为我国重要的粮食基地，农业污染程度也相对较重；西部地区生态环境较为脆弱，对环境保护的要求更高。应针对各地区的上述特点，巩固推进东部沿海农业的先导优势，提高中部地区农产品出口竞争力，在保障自然生态质量的基础上合理利用西部地区的有限资源，使其效益最大化，推进东中西部地区农业的可持续发展。

关于农业环境政策的启示，主要得到以下结论：

一是从我国农产品贸易和农业环境变量的时间序列分析结果来看，我国农业环境对农产品贸易存在一个反向作用力：环境改善促进农产品对外贸易依存度的提高，而环境污染会抑制对外贸易的发展。但目前我国仍然欠缺一个包含环境的有效市场机制和价格调节手段，难以实现农业环境对农产品贸易的良性反调节作用，常常出现先破坏再补救的恶性循环模式。再加上我国农业污染监测系统的发展与工业相比较为缓慢，使得调节手段的实现更为困难。

二是根据我国省级面板数据的实证检验结果发现，贸易诱发的环境管制效应为负效应，会增加我国的农业污染。尤其是在农业大省集聚、面源污染问题较多的中部地区，环境管制效应产生的负作用尤为明显。上述两方面研究结果均表明采用合理政策手段，完善法律法规使环境的外部效应内部化的重要性。

三是通过我国省级面板数据的实证检验还发现，技术效应对我国农业生态环境改善有显著的正面影响，充分说明了科技进步对我国农业环境质量提高的重大意义。对于技术投资者来说，稳定并且可预测的环境政策是投资的先决条件。一个灵活的政策工具可以用来帮助农业从事者达到污染减排成本和科技创新利益的最佳平衡点。因此，由市场因素决定的灵活政策手段的运用，如最优污染税、最优排污权、合理的绿色补贴等政策，要明显优于刚性命令或规定。另外，本书实证研究发现，农产品贸易环境效应的区域差异较大，应根据其各自自然环境特征和气候资源类型，开展生态农业建设。在环境政策具体实施过程中还需结合不同地区的经济和地理特点，按照因地制宜的方针，加强发达地区的区域辐射作用。

第三节　未来研究展望

未来研究可努力拓展的方向主要有：

第一，深化农产品贸易环境效应模型。本书尝试构建了一个开放经济条件下的一般均衡模型对农产品贸易环境效应进行分析，但是在模型的前提假设方面尚存在一定的放松和改善空间，今后可在此方向上结合更前沿的经济理论继续研究，寻求更符合中国特色的农业模型。此外，在农产品贸易环境效应的具体划分上，区域差异使得农业环境污染在不同地区表现出不同的特性，某些影响因素和作用机制可能并未在文中展开讨论。以上均有待在以后的研究工作中，进一步探索和发现。

第二，力争开展与农业环境学者的交叉学科合作。面源污染数据的监测和收集相较于点源污染更为困难，因而在相关的统计资料和年鉴中往往缺乏农业污染的历年数据。作者受专业限制，未能对农业面源污染数据进行专业化的计算提取，而是选取相关指标进行代替研究。开展与环境学者的学术合作，获得较为可靠的农业环境数据是解决上述困难的最理想方法之一。通过交叉学科合作，可以扩大样本范围，提高研究的精确性和准确度，从而对农产品贸易和农业环境的相关问题展开更为深入严谨的探讨。

第三，提高其他数据的准确性和样本容量。我国各省的农业资本存量没有官方的统计数据公布，不同学者的计算结果由于统计方法和统计口径的不同而有所差别。本书尝试对近年数据缺失进行计算，但仍存在着部分省份数据未能补齐的问题。在今后的研究工作中，应进一步的完善农业资本存量的计算工作，寻求更合理的指标设定方法和度量方法。此外，国家统计局披露的环境污染治理投资数据仅包括城市环境投资和工业污染源治理的费用，并不包含农业污染治理费用。又因为农业部网站公布的农业部节能环保支出费用缺乏2007年以前的数据，所以未能用于本书的研究。对于另外一些数据缺失的情况，本书采取了近似估计的方法，可能与实际情况存在偏差。因此，对以上数据的继续收集、整理和计算，是未来研究进一步深入开展的重要基础。

参考文献

[1] Abdullaev, I., C. Fraiture, M. Giordano, M. Yakubov & A. Rasulov. Agricultural Water Use and Trade in Uzbekistan: Situation and Potential Impacts of Market Liberalization [J]. *International Journal of Water Resources Development*, 2009, 25 (1): 47-63.

[2] Abler, D. G. & J. S. Shortle. Decomposing the Effects of Trade on the Environment [A]. In J. M. Antle, J. N. Lekakis & G. P. Zanias (eds.). Agriculture, Trade and the Environment: The Impact of Liberalization on Sustainable Development [C]. Cheltenham: Edward Elgar, 1998.

[3] Abler, D. G., A. G. Rodriguez & J. S. Shortle. Trade Liberalization and the Environment in Costa Rica [J]. *Environment and Development Economics*, 1999, 4 (3): 357-373.

[4] Antweiler, W., B. R. Copeland & M. S. Taylor. Is Free Trade Good for the Environment? [J]. *American Economic Review*, 2001, 91 (4): 877-908.

[5] Barbier, E. B. Links between Economic Liberalization and Rural Resource Degradation in the Developing Regions [J]. *Agricultural Economics*, 2000, 23 (3): 299-310.

[6] Bagliani, M., G. Bravo & S. Dalmazzone. A Consumption-based Approach to Environmental Kuznets Curves Using the Ecological Footprint Indicator [J]. *Ecological Economics*, 2008 (65): 650-661.

[7] Barrett, S. Self-Enforcing International Environment Agreements [J].

Oxford Economic Papers, 1994 (46): 878 - 894.

[8] Beghin, J., S. Dessus, D. Roland - Holst & D. V. Mensbrugghe. The Trade and Environment Nexus in Mexican Agriculture: A General Equilibrium Analysis [J]. *Agricultural Economics*, 1997 (17): 115 - 131.

[9] Birdsall, N. & D. Wheeler. Trade Policy and Industrial Pollution in Latin America: Where are the Pollution Havens? [J]. *Journal of Environment and Development*, 1993, 2 (1): 137 - 149.

[10] Busse, M. & M. Silberberger. Trade in Pollutive Industries and the Stringency of Environmental Regulations [J]. Applied Economics Letters, 2013, 20 (4): 320 - 323.

[11] Caviglia - Harris, J. L., D. Chambers & J. R. Kahn. Taking the "U" out of Kuznets: A Comprehensive Analysis of the EKC and Environmental Degradation [J]. *Ecological Economics*, 2009 (68): 1149 - 1159.

[12] Cole, M. A. & R. J. R. Elliott. Determining the Trade - environment Composition Effect: the Role of Capital, Labor and Environmental Regulations [J]. *Journal of Environmental Economics and Management*, 2003 (46): 363 - 383.

[13] Cole, M. A. Trade, the Pollution Haven Hypothesis and Environmental Kuznets Curve: Examining the Linkages [J]. *Ecological Economics*, 2004 (48): 71 - 81.

[14] Copeland, B. R. & M. S. Taylor. North - South Trade and the Environment [J]. *Quarterly Journal of Economics*, 1994, 109 (3): 755 - 787.

[15] Copeland, B. R. & M. S. Taylor. Trade and Transboundary Pollution [J]. *American Economic Review*, 1995 (85): 716 - 737.

[16] Copeland, B. R. & M. S. Taylor. Trade and Environment: Theory and Evidence [M]. Princeton: Princeton University Press, 2003.

[17] Copeland, B. R. & M. S. Taylor. Trade, Growth, and the Environment [J]. *Journal of Economic Literature*, 2004, 42 (1): 71 - 72.

[18] Daly, H. & R. Goodland. An Ecological - economic Assessment of Deregu-

lation of International Commerce under GATT (part 1) [J]. *Population and Environment*, 1994, 15 (5): 395 -427.

[19] Daly, H. & R. Goodland. An Ecological – economic Assessment of Deregulation of International Commerce under GATT (part 2) [J]. *Population and Environment*, 1994, 15 (6): 477 -503.

[20] Dean, J. Does Trade Liberalization Harm the Environment? A New Test [J]. *Canadian Journal of Economics*, 2002, 35 (4): 819 -842.

[21] Dinda, S. , D. Coondoo & M. Pal. Air Quality and Economic Growth: an Empirical Study [J]. *Ecological Economics*, 2000, 34 (3): 409 - 423.

[22] Dinda, S. Environmental Kuznets Curve Hypothesis: A survey [J]. *Ecological Economics*, 2004 (49): 431 -455.

[23] Dua, A. & D. Esty. Sustaining the Asia Pacific Miracle [M]. Washington D. C: Institute for International Economics, 1997.

[24] Eliste, P. & P. Fredriksson. Does Open Trade Result in a Pace to the Borrom? Cross - Country Evidence [M]. Washington D. C: The World Bank, 1998.

[25] Esty, D. & D. Geradin. Market Access, Competitiveness, and Harmonization: Environmental Protection in Regional Trade Agreements [J]. *The Harvard Environmental Law Review*, 1997 (21): 265 -336.

[26] Frankel, J. A. & A. K. Rose. Is Trade Good or Bad for the Environment? Sorting Out the Causality [Z]. NBER Working Paper, No. 9201, 2002.

[27] Grossman, G. M. & A. B. Krueger. Environmental Impacts of a North American Free Trade Agreement [Z]. NBER Working Paper, No. 3914, 1991.

[28] Grossman, G. M. & E. Helpman. Innovation and Growth in the Global Economy [M]. Cambridge MA: MIT Press, 1993.

[29] Harold, C. & C. F. Runge. GATT and the Environment: Policy Research Needs [J]. *American Journal of Agricultural Economics*, 1993, 75 (3),

789 -793.

[30] Johansson, R. C. , J. Cooper & M. Peters. An Agri - Environental Assessment of Trade Liberalization [J]. *Ecological Economics*, 2006, 58 (1): 37 -48.

[31] Leetma, S. , B. Krissoff & M. Hartmann. Trade Policy and Environmental Quality: The Case of Export Subsidies [J]. *Agricultural and Resource Economics Review*, 1996, 25 (2): 232 -240.

[32] Li, X. Coupling Relationship between Environment and Economy of Metropolis: a Case Study of Chongqing, China [J]. *Ecological Economy*, 2007 (3): 249 -256.

[33] Lopez, R. Environmental Externalities in Traditional Agriculture and the Impact of Trade Liberalization: The Case of Ghana [J]. *Journal of Development Economics*, 1997, 53 (1): 17 -39.

[34] Lopez, R. Trade Reform and Environmental Externalities in General Equilibrium: Analysis for an Archetype Poor Tropical Country [J]. *Environment and Development Economics*, 2000, 5 (4): 377 -404.

[35] Low, P. & A. Yeats. Do "dirty" Industries Migrate? [A] In P. Low (eds.) . Internatinal Trade and Environment [C]. Washington D. C: World Bank, 1992.

[36] Lucas, R. E. B. , D. Wheeler & H. Hettige. Economic Development, Environmental Regulation and the International Migration of Toxic Industrial Pollution: 1960 - 88 [Z]. Policy Research Working Papers, Background Paper for World Development Report, WPS 1062, 1991.

[37] Lutkepohl, H. & H. E. Reimers. Granger - causality in Cointegrated VAR Processes: The Case of the Term Structure [J]. *Economics Letters*, 1992, 40 (3): 263 -268.

[38] Mani, M. & D. Wheeler. In Search of Pollution Havens? Dirty industry in the world economy: 1960—1995 [J]. *Journal of Environment and Development*, 1998, 7 (3): 215 -247.

[39] McAusland, C. & D. L. Millimet. Do National Borders Matter? Intranational Trade, International Trade, and the Environment [J]. *Journal of Environmental Economics and Management*, 2013, 65 (3): 411 -437.

[40] Mongelli, I. , G. Tassielli & B. Notarnicola. Global Warming Agreement, International Trade and Energy/Carbon Embodiments: An Input - output Approach to the Italian Case [J]. *Energy Pollicy*, 2006, 34 (1): 88 - 100.

[41] Nielsen, M. Trade Liberalizations, Resource Sustainability and Welfare: The Case of East Baltic Cod [J]. *Ecological Economics*, 2006, 58 (3): 650 -664.

[42] Stevens, C. The Environmental Effects of Trade [J]. *World Economy*, 1993, 16 (4): 439 -451.

[43] OECD. The Environmental Effects of Trade [Z]. Paris: OECD, 1994.

[44] OECD. Domestic and International Environmental Impacts of Agricultural Trade Liberalization [R]. COM /AGR /ENV (2000) 75 /FINAL. Paris: OECD, 2000: 5 -37.

[45] Panayotou, T. Empirical Tests and Policy Analysis of Environmental Degradation at Different Stages of Economic Development [Z]. ILO Working Papers, WEP 2 -22/WP. 238, 1993.

[46] Panayotou, T. Globalization and Environment [Z]. CID Working Paper No. 53, Environment and Development Paper No. 1, 2000.

[47] Porter, G. Trade Competition and Pollution Standards: "Race to the Bottom" or "Stuck at the Bottom" [J]. *The Journal of Environmental and Development*, 1999, 8 (2): 133 - 151.

[48] Porter, M. E. & C. V. Linde. toward a New Conception of the Environment - Competitiveness Relationship [J]. *Journal of Economic Perspective*, 1995 (9): 97 - 118.

[49] Runge, C. Economic Trade and Environmental Protection [A]. In J. Braden, H. Folmer & T. Ulen (eds.) . Environmental Policy with Po-

litical and Economic Integration: The European Community and the United States [C]. Cheltenham: Edward Elgar, 1993.

[50] Selden, T. & D. Song. Environmental Quality and Development: Is there a Kuznets Curve for Air Pollution Emissions? [J]. *Journal of Environmental Economics and Management*, 1994, 27 (2): 147 – 162.

[51] Selden, T. & D. Song. Neoclassical Growth, the J Curve for Abatement, and the Inverted U Curve for Pollution [J]. *Journal of Environmental Economics and Management*, 1995 (29): 162 – 168.

[52] Sims, C. Macroeconomics and Reality [J]. *Econometrica*, 1980 (48): 1 – 48.

[53] Stern, D. Progress on the environmental Kuznets curve? [J]. *Environment and Development Economics*, 1998 (3): 175 – 198.

[54] Strutt, A. & K. Anderson. Will Trade Liberalization Harm the Environment? The Case of Indonesia to 2020 [J]. *Environmental and Resource Economics*, 2000, 17 (3): 203 – 232.

[55] Toda, H. Y. & P. C. B. Phillips. Vector Autoregressions and Causality [J]. *Econometrica Journal of the Econometric Society*, 1993, 61 (6): 1367 – 1393.

[56] Velazquez, E. Water Trade in Andalusia. Virtual Water: An Alternative Way to Manage Water Use [J]. *Ecological Economics*, 2007, 63 (1): 201 – 208.

[57] Vennemo, H., K. Aunan, J. He, T. Hu, S. Li & K. Rypdal. Environmental Impacts of China's WTO – Accession [J]. *Ecological Economics*, 2008, 64 (4): 893 – 911.

[58] Verburg, R., E. Stehfest, G. Woltjer & B. Eickhout. The Effect of Agricultural Trade Liberalisation on Land – use Related Greenhouse Gas Emissions [J]. *Global Environmental Change*, 2009, 19 (4): 434 – 446.

[59] Vilas – Ghiso, S. J. & D. M. Liverman. Scale, Technique and Composition Effects in the Mexican Agricultural Sector: The Influence of NAFTA and

the Institutional Environment [J]. *International Environmental Agreements: Politics, Law and Economics*, 2007, 7 (2): 137 - 169.

[60] Walter, I. & J. Ugelow. Environmental Policies in Developing Countries [J]. *Ambio*, 1979, 8 (2 - 3): 102 - 109.

[61] Wheeler, D. Racing to the Bottom? Foreign Investment and Air Pollution in Developing Countries [J]. *Journal of Environment and Development*, 2001 (10): 225 - 246.

[62] Williams, S. P. & C. R. Shumway. Trade Liberalization and Agricultural Chemical Use: United States and Mexico [J]. *American Journal of Agricultural Economics*, 2000, 82 (1): 183 - 199.

[63] WTO. Trade and Environment [R]. Geneva: WTO, 2012: 1 - 4.

[64] Wurtenberger, L. & T. C. R. Koellner. Binder C R. Virtual Land Use and Agricultural Trade: Estimating Environmental and Socio Economic Impacts [J]. *Ecological Economics*, 2006, 57 (4): 679 - 697.

[65] 布莱恩·科普兰，斯科特·泰勒尔．贸易与环境——理论及实证[M]．上海：格致出版社，2009.

[66] 陈红蕾，陈秋峰．我国贸易自由化环境效应的实证分析 [J]．国际贸易问题，2007 (7)：66 - 70.

[67] 陈继勇，刘威，胡艺．论中国对外贸易、环境保护与经济的可持续增长 [J]．亚太经济，2005 (4)：75 - 77.

[68] 陈敏鹏，陈吉宁，赖斯芸．中国农业和农村污染的清单分析与空间特征识别 [J]．中国环境科学，2006，26 (6)：751 - 755.

[69] 陈强．高级计量经济学及 Stata 应用 [M]．北京：高等教育出版社，2010.

[70] 陈雯．中国农业出口贸易与环境污染关系的实证研究 [J]．福建农林大学学报，2012 (15)：31 - 35.

[71] 程国强．中国农产品贸易：格局与政策 [J]．管理世界，1999 (3)：176 - 183.

[72] 崔健，马友华，赵艳萍，董建军，石润圭，黄文星．农业面源污染

的特性及防治对策［J］．中国农学通报，2006，22（1）：335－340.
［73］党玉婷，万能．贸易对环境影响的实证分析——以中国制造业为例［J］．世界经济研究，2007（4）：52－57.
［74］邓柏盛，宋德勇．我国对外贸易、FDI 与环境污染之间关系的研究［J］．中国人口、资源与环境，2008（4）：101－108.
［75］杜江，刘渝．中国农业增长与化学品投入的库兹涅茨假说及验证［J］．世界经济文汇，2009（3）：96－108.
［76］杜江，王雅鹏，刘渝．农业贸易自由化对环境的影响：一个文献综述［J］．世界经济文汇，2010（2）：81－100.
［77］鄂竟平．中国水土流失与生态安全综合科学考察总结报告［J］．中国水土保持，2008（12）：3－6.
［78］戈多．论我国农业生态环境保护法律体系的完善［Z］．中国法院网，2012－12－10.
［79］桂小丹，李慧明．环境库兹涅茨曲线实证研究进展［J］．中国人口．资源与环境，2010，20（3）：5－8.
［80］国家统计局．第一次全国污染源普查公报［R］．国家统计局网站，2010－2－11.
［81］哈尔·R·范里安．微观经济学：现代观点［M］．上海：格致出版社，2011.
［82］贺红波．非平稳变量的 Granger 因果检验［J］．长春师范学院学报，2004，23（3）：11－13.
［83］环境保护部，国土资源局．全国土壤污染状况调查公报［Z］．环保部网站，2014－4－17.
［84］黄季焜，徐志刚，李宁辉，罗思高．新一轮贸易自由化与中国农业、贫困和环境［J］．中国科学基金，2005（3）：142－146.
［85］孔淑红，周甜甜．我国出口贸易对环境污染的影响及对策［J］．国际贸易问题，2012（8）：108－120.
［86］孔祥智，丁玉．我国农产品进出口贸易的特点及趋势：1998—2011［J］．经济管理与评论，2013（1）：103－112.

[87] 匡远配，谢杰. 中国农产品贸易的资源效应和环境效应的实证分析 [J]. 国际贸易问题，2011（11）：138－147.

[88] 赖斯芸，杜鹏飞，陈吉宁. 基于单元分析的非点源污染调查评估方法 [J]. 清华大学学报（自然科学版），2004，44（9）：1184－1187.

[89] 李谷成，范丽霞，闵锐. 资源、环境与农业发展的协调性——基于环境规制的省级农业环境效率排名 [J]. 数量经济技术经济研究，2011（10）：21－36.

[90] 李谷成，范丽霞，冯中朝. 资本积累、制度变迁与农业增长——对1978—2011年中国农业增长与资本存量的实证估计 [J]. 管理世界（月刊），2014（5）：67－79.

[91] 李君，庄国泰. 中国农业源主要污染物产生量与经济发展水平的环境库兹涅茨曲线特征分析 [J]. 生态与农村环境学报，2011（6）：19－25.

[92] 李鹏，李玉浸，杨殿林，王志勇，庞凤梅. 天津市畜禽粪便年排放量的估算 [J]. 畜牧与兽医，2009，41（2）：32－34.

[93] 李秀香，张婷. 出口增长对我国环境影响的实证分析——以 CO_2 排放量为例 [J]. 国际贸易问题，2004（7）：9－12.

[94] 李秀香. 贸易与环境 [M]. 大连：东北财经大学出版社，2015.

[95] 李永波. 关于贸易自由化环境效应的文献述评 [J]. 首都经济贸易大学学报，2011（1）：121－128.

[96] 李朝辉. 日本技术性贸易措施对中国茶叶出口的影响 [J]. 世界农业，2013（08）：33－37.

[97] 刘武兵，黄昕炎. 2012年中国农产品贸易状况 [J]. 农业世界，2013（6）：147－150.

[98] 刘昭阳，毛显强，胡涛. 中日韩自由贸易协议对中国农业的经济与环境影响研究——基于可计算局部均衡模型的分析 [J]. 北京师范大学学报，2011（2）：133－141.

[99] 刘志澄. WTO与中国农业 [J]. 农业经济问题，2002（5）：2－7.

[100] 罗堃. 我国污染密集型工业品贸易的环境效应研究 [J]. 国际贸易

问题，2007（10）：96－100.
[101] 罗能生，刘滔．需求结构对我国环境质量影响的实证研究［J］．中国软科学，2014（12）：38－47.
[102] 陆文聪，郭小钗．农业贸易自由化对我国环境的影响与对策［J］．中国农村经济，2002（1）：46－51.
[103] 马丽，刘卫东，刘毅．外商投资与国际贸易对中国沿海地区资源环境的影响［J］．自然资源学报，2003（5）：603－661.
[104] 农业部新闻办公室．农产品中的农药残留及安全问题［Z］．农业部网站，2012－5－17.
[105] 农业部新闻办公室．农业部发布2014年第一季度农产品质量安全例行监测信息［Z］．农业部网站，2014－4－24.
[106] 彭海珍．关于贸易自由化对中国环境影响的分析［J］．财贸研究，2006（4）：35－41.
[107] 彭水军，赖明勇，包群．环境、贸易与经济增长——理论、模型与实证［M］．上海：上海三联书店，2006.
[108] 钱克明．中国"绿箱政策"的支持结构与效率［J］．农业经济问题（月刊），2003（3）：41－45.
[109] 曲如晓．贸易与环境：理论和政策研究［M］．北京：人民出版社，2009.
[110] 全为民，严力蛟．农业面源污染对水体富营养化的影响及其防治措施［J］．生态学报，2002，22（3）：291－299.
[111] 桑秋，张平宇，苏飞，辛新．20世纪90年代以来沈阳市人口、经济、空间与环境的协调度分析［J］．中国人口、资源与环境，2008，18（2）：115－119.
[112] 司友斌，王慎强，陈怀满．农田氮、磷的流失与水体富营养化［J］．土壤，2000（4）：188－193.
[113] 孙东升，周锦秀，杨秀平．我国农产品出口日本遭遇技术性贸易壁垒的影响研究［J］．农业技术经济，2005（5）：6－12.
[114] 陶群山，胡浩．环境规制和农业科技进步的关系分析——基于波特

假说的研究［J］. 中国人口·资源与环境，2011（12）：52－57.
［115］王金南、夏友富、罗宏. 绿色壁垒与国际贸易［M］. 北京：中国环境科学出版社，2002.
［116］王天凤，张珺. 出口贸易对我国碳排放影响之研究［J］. 国际贸易问题，2011（3）：89－98.
［117］吴玉鸣. 外商直接投资与环境规制关联机制的面板数据分析［J］. 经济地理，2007，27（1）：11－14.
［118］许广月，宋德勇. 中国碳排放环境库兹涅茨曲线的实证研究——基于省域面板数据［J］. 中国工业经济，2010（5）：37－47.
［119］许士春. 贸易与环境问题的研究现状与启示［J］. 国际贸易问题，2006（7）：60－65.
［120］徐晓雯. 农业绿色补贴及其经济学分析［J］. 财政研究，2007（7）：30－32.
［121］杨海生，贾佳，周永章，王树功. 贸易、外商直接投资、经济增长与环境污染［J］. 中国人口·资源与环境，2005（3）：99－103.
［122］杨荣海，李亚波. 农业自由贸易与资源环境协调发展［J］. 贵州财经大学学报，2013（3）：93－99.
［123］叶继革，余道先. 我国出口贸易与环境污染的实证分析［J］. 国际贸易问题，2007（5）：72－77.
［124］尹显萍，李茹君. 我国工业制成品对外贸易对环境的影响［J］. 国际贸易问题，2008（2）：59－64.
［125］余北迪. 我国国际贸易的环境经济学分析［J］. 国际经贸探索，2005，21（3）：26－30.
［126］张福春，朱志辉. 中国作物的收获指数［J］. 中国农业科学，1990，23（2）：83－87.
［127］张晖，胡浩. 农业面源污染的环境库兹涅茨曲线验证——基于江苏省时序数据的分析［J］. 中国农村经济，2009（4）：48－53.
［128］张连众，朱坦，李慕菡，张伯伟. 贸易自由化对我国环境污染的影响分析［J］. 南开经济研究，2003（3）：30－35.

[129] 张凌云，毛显强，涂莹燕，胡涛．中国种植业产品贸易自由化对环境影响的计量经济分析［J］．中国人口·资源与环境，2005（6）：46－49.

[130] 张相文，黄娟．中国农业贸易自由化的环境效应分析［J］．农业经济问题，2012（6）：86－89.

[131] 张晓东，池天河．90年代中国省级区域经济与环境协调度分析［J］．地理研究，2001，20（4）：506－515.

[132] 张学刚．环境库兹涅茨曲线理论评判综述［J］．中国地质大学学报（社会科学版），2009，9（5）：51－61.

[133] 赵永宏，邓祥征，战金艳，何连生，鲁奇．我国农业面源污染的现状与控制技术研究［J］．安徽农业科学，2010，38（5）：2548－2552.

[134] 赵忠秀，王苒，Hinrich Voss，闫云凤．基于经典环境库兹涅茨曲线模型的中国碳排放拐点预测［J］．财贸经济，2013（10）：81－88页.

[135] 中共中央国务院《关于加大改革创新力度加快农业现代化建设的若干意见》［Z］．中央一号文件，2015－2－1。

[136] 周睿．新兴市场国家环境库兹涅茨曲线的估计——基于参数与半参数方法的比较［J］．国际贸易问题，2015（3）：14－22.

[137] 朱红根，卞琦娟，王玉霞．中国出口贸易与环境污染互动关系研究——基于广义脉冲响应函数的实证分析［J］．国际贸易问题，2008（5）：80－86.

[138] 祝树金，尹似雪．污染产品贸易会诱使环境规制“向底线赛跑”？［J］．产业经济研究（双月刊），2014（4）：41－50.

附　录

附录1　农产品贸易环境效应的大国模型

大国经济与小国经济的重要区别在于，大国经济的世界价格是内生价格。本书假定大国的世界价格为大国关税税率的函数。此处仍然使用β作为衡量农产品贸易开放程度的系数，即 $p=\beta p_w$。当 $\beta>1$ 时，$p>p_w$，该国进口农产品X，β越大于1，进口需求越少，世界价格下降。当 $\beta<1$ 时，$p<p_w$，该国出口农产品X，β越小于1，出口供给越多，世界价格下降；当 $\beta=1$ 时 $p=p_w$，农产品贸易完全自由化，国内价格与世界价格一致。世界价格可以看作是大国开放程度的函数，国内价格为世界价格和本国开放程度的函数。

$$p_w=P(\beta)$$

$$p=\beta P(\beta)$$

在大国经济的假设条件下，仍能得到 $a=\frac{\tau z}{px}$。所以，

$$z=\frac{Q\sigma a\beta P(\beta)}{\tau}$$

对上式求导后微分可得：

$$\frac{dz}{z}=\frac{dQ}{Q}+\frac{d\sigma}{\sigma}+\frac{da}{a}+\frac{d\beta}{\beta}+\frac{dP(\beta)}{P(\beta)}-\frac{d\tau}{\tau}$$

即：

$$\hat{z}=\hat{Q}+\hat{\sigma}+\hat{a}+\hat{\beta}+P(\hat{\beta})-\hat{\tau}$$

因此，在大国条件下，同样可以找到农产品贸易开放程度对农业环境污染的发生机制，农产品贸易环境效应的分解可得到与小国模型相似的结果。大国模型与小国模型所得结果的主要区别在于贸易自由化程度的提高对污染密集型产品进口国农业环境污染的影响可能跟小国不同。对于污染密集型产品进口国来说，$\hat{\beta}$系数为正，所以贸易自由化程度的提高使$\hat{\beta}<0$，$\hat{z}<0$，污染排放量下降；同时，贸易的进一步开放使$P(\hat{\beta})>0$，又因为$P(\hat{\beta})$的系数为正，所以$\hat{z}>0$，污染排放量增加。因此，β 对清洁产品生产有比较优势国家的农业污染影响取决于$\hat{\beta}$和$P(\hat{\beta})$的综合影响。对于污染密集型产品出口国来说，贸易自由化程度的提高使$\hat{\beta}>0$，$P(\hat{\beta})>0$，$\hat{z}>0$，对污染密集型产品有比较优势的国家污染排放增加，所得结果与小国模型相同。

附录 2　农业绿色壁垒对出口国影响的大国福利分析

使用下图来具体说明农产品进口国设置绿色壁垒对出口大国的影响。设 A 国为进口国，B 国为出口国。B 国为大国。在没有农业绿色壁垒的情况下，B 国农产品的供给曲线为 S，需求曲线为 D。B 国在农产品生产上具有比较优势，出口 $Q_2 - Q_0$ 的农产品，生产者剩余为 CHM，消费者剩余为 JLC。若 A 国因其技术优势对 B 国出口的农产品设定环境标准，B 国为达到标准，需改进其生产技术，产品成本上升，供给曲线从 S 上移到 S′。因为 B 国为大国，绿色壁垒的限制导致的供给下降，会造成世界价格上升，假设世界价格由 p_w 上升至 p_w'。此时，B 国的出口量由 $Q_2 - Q_0$ 变为 $Q_3 - Q_4$，生产者剩余由 CHM 变为 NRG，消费者剩余由 JLC 降为 JKN，整体社会福利变化为 KRFL－FHMG。农业绿色壁垒的设置对大国出口国整体福利的影响的正负性取决于 KRFL 与 FHMG 面积的大小。

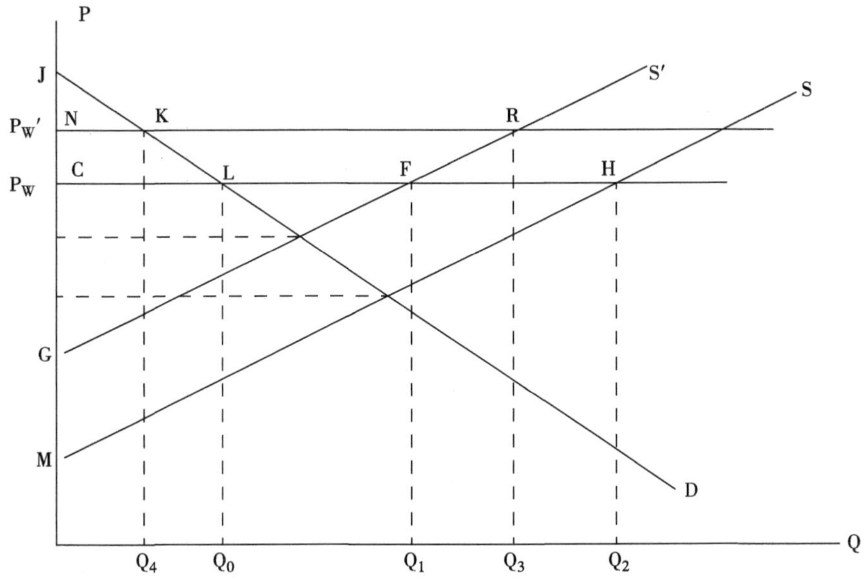

附图 2－1　农业绿色壁垒对出口大国的影响

资料来源：作者绘制得到。

附录 3

附表 1　1992—2013 年我国主要农业环境污染变量

年份	化肥	农药	农膜	秸秆量	禽畜粪便量
1992	0.0197	0.000536	5.239	0.364	48818.14
1993	0.0213	0.000572	4.788	0.371	48040.66
1994	0.0224	0.000660	5.984	0.357	47988.90
1995	0.0240	0.000725	6.108	0.375	48961.09
1996	0.0251	0.000749	6.931	0.400	44341.01
1997	0.0259	0.000776	7.544	0.396	40518.16
1998	0.0262	0.000791	7.751	0.398	37761.69
1999	0.0264	0.000845	8.049	0.397	34310.09
2000	0.0265	0.000819	8.544	0.355	31069.83
2001	0.0273	0.000819	9.308	0.347	29104.72
2002	0.0281	0.000848	9.899	0.349	27371.41
2003	0.0289	0.000869	10.443	0.333	24943.71
2004	0.0302	0.000903	10.941	0.364	21780.09
2005	0.0307	0.000939	11.334	0.375	20157.77
2006	0.0324	0.001010	12.129	0.407	20359.00
2007	0.0333	0.001057	12.625	0.409	19814.94
2008	0.0335	0.001070	12.843	0.421	19712.07
2009	0.0341	0.001077	13.112	0.419	19316.88
2010	0.0346	0.001094	13.524	0.424	18748.28
2011	0.0352	0.001101	14.139	0.439	18920.37
2012	0.0357	0.001105	14.582	0.452	18299.37
2013	0.0359	0.001095	15.144	0.459	18105.38

注："化肥"在表中指化肥单位面积施用折纯量，单位为万吨/千公顷；"农药"指农药单位面积使用量，单位为万吨/千公顷；"农膜"指农膜单位面积使用量，单位为吨/千公顷；"秸秆量"指秸秆单位面积产量，单位为万吨/千公顷；禽畜粪便量为单位禽畜粪便排放量，单位为万吨/亿元。

资料来源：数据来源和具体计算方法参见第四章 4.2.1 节。

附表 2　2008—2013 年我国各省农业资本存量　　单位：亿元

省份	2008 年	2009 年	2010 年	2011 年	2012 年	2013 年
北京	241. 3646	231. 8293	224. 1252	253. 3639	363. 8442	506. 9425
天津	587. 3025	613. 1812	626. 3404	892. 6553	1042. 087	1201. 805
河北	2618. 576	2688. 803	2776. 031	2795. 147	3167. 141	3520. 9
山西	624. 8775	723. 5335	856. 9129	970. 1349	1197. 212	1637. 297
内蒙古	1184. 862	1409. 807	1654. 274	1904. 98	2349. 095	2940. 917
辽宁	1096. 214	1157. 236	1252. 737	1357. 872	1635. 779	1863. 037
吉林	1114. 375	1157. 853	1227. 062	1414. 936	1650. 972	1947. 558
黑龙江	1583. 043	1732. 266	1832. 59	2026. 798	2435. 255	2919. 744
上海	343. 5185	329. 7338	320. 0416	335. 0851	329. 7061	332. 5904
江苏	1137. 465	1131. 732	1122. 097	1130. 354	1251. 98	1345. 517
浙江	1267. 089	1234. 272	1191. 093	1124. 981	1204. 455	1314. 153
安徽	1182. 613	1175. 664	1166. 944	1104. 452	1225. 656	1369. 702
福建	1257. 877	1250. 909	1248. 043	1217. 504	1320. 878	1455. 371
江西	961. 6831	986. 5482	999. 4301	1005. 142	1122. 516	1210. 607
山东	4097. 815	4087. 322	4061. 853	4134. 016	4564. 893	5025. 238
河南	3525. 856	3744. 508	3849. 321	4000. 548	4491. 234	4999. 584
湖北	1138. 896	1234. 07	1331. 009	1334. 854	1611. 519	1843. 968
湖南	807. 001	892. 2318	1050. 951	1158. 744	1445. 465	1751. 761
广东	1790. 468	1750. 707	1733. 394	1938. 686	2173. 015	2428. 697
广西	895. 1336	1009. 991	1125. 264	1297. 924	1565. 445	1865. 035
四川	2314. 646	2343. 715	2381. 564	2566. 045	2693. 653	2831. 644
贵州	552. 3479	551. 718	536. 532	522. 563	541. 8969	564. 0228
云南	1112. 277	1169. 958	1228. 871	1229. 324	1338. 57	1530. 378
陕西	815. 5451	923. 4245	1060. 679	1184. 307	1458. 944	1793. 261
甘肃	462. 6506	506. 5044	542. 9792	554. 4597	612. 6448	697. 7206
青海	252. 8903	262. 4659	277. 5126	301. 3786	348. 6361	414. 1153
宁夏	220. 7858	233. 931	242. 9013	237. 9245	282. 1527	329. 2045
新疆	1563. 251	1555. 726	1571. 704	1573. 684	1696. 261	1808. 232

注：表中数据为以 2008 年为基期数据。

资料来源：数据来源和具体计算方法参见第五章 5. 2. 2 节。

附表 3　基于全国样本数据的农业人均污染变量和强度变量弹性系数估计结果

变量	人均化肥施用量	人均农业施用量	人均农膜使用量	化肥施用强度	农药使用强度	农膜使用强度
I	0.704 ***	0.585	0.455	-2.280 ***	-1.807 ***	-2.357 ***
I^2	-0.237 ***	-0.125	-0.089	0.696 ***	0.283 *	1.091 **
KL	0.317 ***	0.323 **	0.442 **	0.096	0.192	1.205 *
KL^2	-0.070 **	-0.011	-0.099	0.008	-0.035	0.228
IKL	0.031	-0.152	-0.006	-0.071	0.072	-1.217
O	-1.742 ***	-1.052	-3.288 **	0.940 **	-0.062	0.437
ORI	3.440 ***	2.222	7.704 ***	-1.600 *	-0.174	0.497
$O(RI)^2$	-1.743 ***	-1.259	-4.276 **	0.735	0.225	-0.938
ORKL	-0.636 ***	-0.655 ***	-2.098 ***	-0.245 *	0.042	-0.401
$O(RKL)^2$	0.045 **	0.031	0.316 ***	0.013	-0.012	-0.115
ORIRKL	0.516 ***	0.646 ***	1.491 ***	0.201	-0.048	0.590

注：* 表示在 10% 水平上显著，** 表示在 5% 水平上显著，*** 表示在 1% 水平上显著。以下附表均同。

附表 4　分地区农业污染变量使用强度回归结果

变量	化肥施用强度			农药使用强度			农膜使用强度		
	东部	中部	西部	东部	中部	西部	东部	中部	西部
I	-0.155 ***	-0.786 ***	-0.304 *	0.000652	0.0198 ***	0.00160	-0.00821 ***	-0.0293 **	0.00921
I^2	6.80e-06 **	4.45e-05 *	-2.3e-05	2.81e-08	-9.39e-07	-2.91e-06	3.68e-07 **	2.33e-06 *	-2.72e-06
KL	-42.566	488.467 **	-626.272 ***	-7.757 ***	-40.644 ***	-14.926 **	12.398 ***	29.692 **	-0.0728
KL^2	5.567 ***	-58.829	-102.028 ***	0.129 ***	0.797	-8.413 ***	-0.254 **	-3.024	-6.846
IKL	-0.00746	0.0146	0.254 ***	0.000191 *	0.00320 *	0.0141 ***	-0.000403	-0.00174	0.0126
O	-6203.929 ***	-261585.3	-82873.57	118.868 ***	-10494.87	27175.77 ***	155.552 **	1976.562	76624.17 ***
ORI	4684.412 ***	633108	283862.7 *	-115.703 ***	43975.24	-77921.59 ***	-161.636 **	3368.943	-214375.7 ***
$O(RI)^2$	-956.921 ***	-360719	-253244.6 **	26.573 ***	-37984.09 **	57935.89 ***	45.412 **	-5812.652	151252.2 ***
ORKL	562.093 ***	-79669.55	-54281.74 ***	7.275 **	-7969.727 ***	3751.31 ***	-15.066	-7204.078 *	4567.135
$O(RKL)^2$	-17.501 ***	-7500.072	-16736.53 ***	0.124	-1087.45 ***	517.5868	0.337	-237.4766	-899.841
ORIRKL	-144.444 ***	85340.35	117310.1 ***	-2.701 **	12690.36 ***	-8334.574 ***	3.925	7699.531 *	-8211.009 *
常数项	1631.363 ***	2832.874 ***	1987.309 ***	27.653 ***	-7.094	13.821	47.264 ***	91.345 ***	-19.678

附表 5 分地区人均农业污染变量使用量弹性系数估计结果

变量	人均化肥施用量			人均农药使用量			人均农膜使用量		
	东部	中部	西部	东部	中部	西部	东部	中部	西部
I	-1.677 ***	1.951	0.902 **	2.380 ***	-1.774	0.925	-1.000 **	1.424 ***	3.677 ***
I^2	0.832 ***	-1.703 **	-1.250 ***	-1.675 ***	0.596	1.456	1.360 ***	-0.692 ***	-1.723 **
KL	0.804 ***	1.099 **	-0.215 *	-0.984 ***	1.017	1.125 **	1.145 ***	1.791 ***	-1.284 ***
KL^2	0.132 **	-0.457 **	-0.603 ***	-0.280 ***	-0.155	1.248 ***	-0.104	-0.071	0.299
IKL	-0.818 ***	0.931	1.607 ***	1.344 ***	-0.084	-3.662 ***	-0.699 ***	-0.788 ***	0.271
O	1.532	-43.569 ***	6.783 ***	5.620 ***	-47.424 ***	32.935 ***	2.219	-16.108 ***	21.057 ***
ORI	0.235	98.617 ***	-12.904 ***	-10.324 ***	98.095 ***	-72.823 ***	-1.968	37.642 ***	-40.605 ***
O $(RI)^2$	-1.295	-55.547 ***	6.046 ***	5.170 ***	-49.281 **	39.509 ***	0.126	-21.208 ***	19.587 ***
ORKL	-3.112 ***	-13.123 ***	-1.640 ***	-1.886 ***	-5.458	3.633 ***	-3.838 ***	-7.777 ***	0.928
O $(RKL)^2$	0.348 ***	-1.750 ***	-0.317 **	0.530 ***	1.257	-0.170	0.502 ***	0.204	0.005
ORIRKL	2.417 ***	15.371 ***	2.072 ***	1.032 ***	2.778	-2.618 *	3.069 ***	7.235 ***	-0.639

附表 6 分地区农业污染变量使用强度弹性系数估计结果

变量	化肥施用强度			农药使用强度			农膜使用强度		
	东部	中部	西部	东部	中部	西部	东部	中部	西部
I	-2.431 ***	-4.262 ***	-1.381 *	0.289	3.084 ***	0.309	-1.986 ***	-5.581 **	0.882
I^2	0.998 **	1.204 *	-0.409	0.117	-0.728	-2.156	0.834 **	2.217 *	-0.998
KL	-0.336	0.915 **	-1.163 ***	-1.738 ***	-2.184 ***	-1.178 **	1.514 ***	1.956 **	-0.003
KL^2	0.335 ***	-0.243	-0.443 ***	0.220 ***	0.095	-1.550 ***	-0.237 **	-0.439	-0.625
IKL	-0.576	0.140	1.897 ***	0.419 *	0.878 *	4.452 ***	-0.481	-0.585	1.982
O	-8.879 ***	-7.783	-3.253	4.824 ***	-8.959	45.321 ***	3.440 **	2.068	63.299 ***
ORI	14.153 ***	18.301	7.960 *	-9.913 ***	36.471	-92.831 ***	-7.547 **	3.425	-126.510 ***
O $(RI)^2$	-6.275 ***	-10.175	-5.178 **	4.942 ***	-30.740 **	50.324 ***	4.602 **	-5.766	65.079 ***
ORKL	3.639 ***	-3.180	-1.584 ***	1.336 **	-9.127 ***	4.652 ***	-1.507	-10.113 *	2.805
O $(RKL)^2$	-0.622 ***	-0.485	-0.527 ***	0.125	-2.018 ***	0.692	0.185	-0.540	-0.596
ORIRKL	-2.001 ***	3.3887	2.576 ***	-1.061 **	14.458 ***	-7.774 ***	0.8401491	10.752 *	-3.794 *